Wolfgang Büscher   Bernd Siggelkow   Marcus Mockler

Generation Wodka

Wolfgang Büscher Bernd Siggelkow Marcus Mockler

GENERATION
Wie unser Nachwuchs sich mit Alkohol die Zukunft vernebelt
WODKA

adeo

Inhalt

Vorwort	7
Das Experiment	9
Maren – „Alkohol macht das Leben erst schön!"	12
Saufen, bis der Arzt kommt – und er kommt immer öfter	20
Marek – Der Totschläger	41
Jugendliche Straftäter unter Alkoholeinfluss	48
„Komasaufen darf sich nicht ausweiten!"	55
Max – Vom Rausch direkt in den Knast	65
Wie der Alkoholmissbrauch anfängt	74
Koma, Drogen, Sex – Interview mit einem 14-Jährigen	82
Potenzierte Gefahr – was Alkohol mit jungen Menschen macht	88
Wie Kinder an den Stoff kommen	103
Johannes – Der Säufer	107
Karneval – Die Hoch-Zeit der Komatrinker	114
Die Rolle der Politik	118
Julian – Saufgelage in der Oberschicht	123
Interview mit einem Komatrinker	135
Einblicke: Familie Siggelkow und der Alkohol	139
Kerstin – „Ich kann mein Kind nicht lieben"	147
Wodka, Aids und andere Krankheiten	152
Malte – Abstieg in die Punkerszene	156
Rauschtrinken – Ein europäisches Problem	161
Was jetzt zu tun ist	165
Gedanken zur Zukunft – Ein Schlusswort	175
Die Autoren	185
Anmerkungen	187

Vorwort

Erinnern Sie sich noch an Lukas W.? Lukas war 16, als er 2007 in einer Berliner Kneipe nach 45 Tequila zusammenbrach – klinisch tot. Vier Wochen lang wurde Lukas noch künstlich beatmet, doch als sich keine Besserung abzeichnete, ließen die Angehörigen die Maschinen schließlich abstellen.

45 Tequila à 0,2 Deziliter, das sind rund 250 Gramm Alkohol oder 4,2 Promille Blutalkoholgehalt – bei einem Jugendlichen! Deutschland war geschockt, „Komasaufen" wurde quasi über Nacht ein Begriff. Und plötzlich tauchten sie überall auf, die alarmierenden Statistiken über den missbräuchlichen Umgang von Kindern und Jugendlichen mit Alkohol. Lukas blieb kein Einzelfall, etliche seiner Altersgenossen tranken sich in einen Rausch, aus dem sie nicht wieder erwachten. Dem Schock folgten hitzige Debatten, Gesetzesverschärfungen, unzählige Vorschläge für mehr oder minder wirksame Präventivmaßnahmen – und ein lautes Medienecho.

Doch unsere Mediengesellschaft hat ihre Tücken. Aktuelle Nachrichten 24 Stunden lang auf dem Handy, im Radio oder auf dem Bildschirm – das zwingt uns Medienschaffende in eine ständige Hab-Acht-Stellung mit dem Fokus auf tagesaktuelle Ereignisse ... und lässt uns leider oft längerfristige gesellschaftliche Entwicklungen aus dem Blick verlieren. Und so sehen, hören und lesen wir zwar immer wieder von dramatischen Fällen wie dem von Lukas W., aber das Erschrecken der Gesellschaft über Kinder und Jugendliche, die sich buchstäblich *totsaufen*, ist verblasst. Und damit auch die Sensibilisierung für dieses Problem.

Warum ist dieses Buch wichtig? Es ist wichtig, weil es zeigt, wie bedauerlich selbstverständlich das „Saufen" in der Welt unserer Kinder und Jugendlichen inzwischen ist. Es ist wichtig, weil mittlerweile jeder zehnte Jugendliche unter 12 Jahren Alkohol trinkt – und zwar regelmäßig! Es ist wichtig, weil diese jugendlichen Trinker immer jünger werden. Und dieses Buch ist wichtig, weil eine „Generation Wodka" heranwächst, die unter Alkoholeinfluss um sich schlägt und dabei andere Menschen verletzt oder sogar tötet. Weil Menschen heranwachsen, deren körperliche und geistige Entwicklung wie bei keiner Generation zuvor durch Alkoholkonsum beeinträchtigt wird.

Alkohol wird in unserer Gesellschaft toleriert, Trinken ist normaler Bestandteil der Erwachsenenwelt. Und wer als Jugendlicher mithalten will, so die allgemeingültige Regel, muss auch mittrinken. Alkoholismus wird in der Gesellschaft zunehmend bagatellisiert, die Gefahr des Missbrauchs und die Tatsache, dass sich aus dem Ritual, „mal eben ein paar Gläschen zu kippen", im Handumdrehen eine schwerwiegende Krankheit entwickeln kann, wird nicht mehr wahrgenommen. Warum also wundern wir uns, dass Jugendliche sich nichts dabei denken, wenn sie unkontrolliert bis zur Ohnmacht trinken?

In diesem Buch erzählen Jugendliche, die diesen Teufelskreis durchbrochen haben, ihre Geschichte. Es handelt aber auch von denen, die es nicht geschafft haben. Und schließlich stellt dieses Buch Forderungen auf: nach einem Alkoholverbot auf Straßen, Plätzen und an Tankstellen, nach einer 0,5-Promille-Grenze für Fahrgäste in Bussen und Bahnen, nach einem deutlichen Warnhinweis auf jeder Flasche, die Alkohol enthält, und nach einem Lizenzentzug für alle Verkaufsstellen, die rechtswidrig Alkohol an Minderjährige abgeben. Dieses Buch stellt klar, dass wir das Problem endlich in den Griff bekommen müssen, weil sich der Alkohol sonst immer mehr Kinder und Jugendliche greift.

Caren Miosga
Moderatorin der ARD-Tagesthemen

Das Experiment

Derzeit läuft im Herzen Europas ein gewaltiges gesellschaftliches Experiment. Es ist ein Experiment, über das keine Ethikkommission beraten und grünes Licht gegeben hätte. Es ist ein Experiment, das weitgehend unbeaufsichtigt abläuft. Und es ist ein Experiment ohne Auftraggeber. Inhalt des Experiments ist folgende Versuchsanordnung: Stelle jungen Menschen Alkohol in unbegrenzter Menge zur Verfügung – und schau, was passiert.

Es passiert viel in diesen Tagen. Der Missbrauch der Droge Alkohol nimmt zu. Zwar nicht in allen Schichten und allen Regionen, aber dafür in bestimmten Gruppierungen in einem Ausmaß, wie man sich das früher nicht hätte vorstellen können. Kinder im Grundschulalter trinken sich nachmittags krankenhausreif. Jugendliche Mädchen lassen sich zwischen dem sechsten und siebten Bier versehentlich schwängern. Teenager mit Bildungsdefiziten saufen sich systematisch aus dem System und ertränken im Alkohol nicht nur ihre Sorgen, sondern auch ihre Zukunftschancen.

Gerade erschien der aktuelle Drogenbericht der Bundesbeauftragten Sabine Bätzing, der alarmierende Zahlen gerade im Bereich des Alkoholkonsums von Jugendlichen aufweist[1].

Das Experiment hat zahllose Risiken und Nebenwirkungen, über die sich die Gesellschaft viel zu wenig Gedanken macht. *Wie sollen schwerstabhängige Jugendliche später zu kompetenten und zuverlässigen Mitarbeitern in Betrieben und Behörden werden? Wer soll eigentlich für die entstehenden Schäden – vom Krankenhausaufenthalt über Fördermaßnahmen bis hin zu jahrzehntelangen Transferleistungen – bezahlen?* Wie kann die Öffentlichkeit vor gewalttätigen Alkoholisierten in der U-Bahn geschützt werden? Oder vor den Säufern, die sich auch noch hinters Steuer eines Autos setzen?

Dieses Buch will den Vorhang niederreißen, den die Öffentlichkeit vor der „Generation Wodka" zugezogen hat. Es gibt Einblicke in eine Welt, die den meisten Lesern unbekannt sein dürfte. Auch wenn Otto Normalverbraucher hier und da mal einem betrunkenen jungen Menschen begegnet, hält er das doch eher für die Lust am Ausprobieren und das notwendige Sammeln von Erfahrungen, aber nicht für ein gesellschaftliches Problem von Rang. Und so geht das Experiment ungebremst weiter.

Wer sich häufig in sozialen Brennpunkten aufhält, nimmt diese andere Realität wahr. Der sieht, wie die Krake Alkohol nach immer mehr jungen Menschen greift und sie nicht mehr loslässt. Der sieht, wie schon Grundschulkinder mit exorbitanten Promillewerten vor die Hunde gehen, weil in ihrer Lebenssituation der Alkohol nicht mehr wegzudenken ist.

Es sind aber keineswegs nur junge Menschen aus der sogenannten „Unterschicht", die der Generation Wodka angehören. Im Bürgertum oder bei der gesellschaftlichen Elite besteht erst recht die Neigung, vor diesem Problem die Augen zu verschließen. Während die Eltern beim Golfen sind, mischen sich die Kinder in ihren Zimmern hochprozentige Cocktails. In der Disco gehört Cola-Wodka zum Standardangebot. In den Dörfern versammeln sich viele Jugendliche am Brunnen zum feucht-fröhlichen Beisammensein und lassen die Schnapsflasche kreisen. Selbst Kinder von gut bezahlten Politikern entwickeln eine Abhängigkeit vom Alkohol – und ihre Eltern nehmen die Gefahr über lange Zeit kaum wahr.

Warum dieses Buch?

Die Autoren packen das Thema von verschiedenen Seiten an. Sie haben Studien ausgewertet, Zahlen gesichtet, Expertenmeinungen eingeholt. Sie haben Interviews geführt und diese teilweise im Originalton wiedergegeben. Und sie sind Menschen begegnet, deren Lebensgeschichte so typisch erscheint, dass die Wiedergabe im Reportagestil erhellender ist als manche wissenschaftliche Tabelle.

Dieses Buch kann vieles. Es kann informieren, illustrieren, aufklären. Es kann ungeschönt die Fakten auf den Tisch legen und gleichzeitig einen hautnahen Blick in eine Welt gewähren, die den meisten – Gott sei Dank – fremd ist. Nur eines kann dieses Buch nicht: das Experiment abbrechen. So bitter nötig und so dringend das auch wäre. Dazu fehlt es uns an Macht und Einfluss.

Die Autoren sind aber überzeugt, dass ein Ausstieg möglich ist. Nicht von heute auf morgen; dazu ist die Alkoholisierung bestimmter gesellschaftlicher Gruppen schon zu weit vorangeschritten. Aber in wenigen Jahren ließe sich ein Stimmungsumschwung erreichen. Dazu gibt es gegen Ende des Buchs konkrete Vorschläge.

Unsere Bitte an die Leser ist, dass sie die folgenden Kapitel mit der Bereitschaft lesen, ihren Beitrag zum Abbruch des Experiments zu leisten.

Bernd Siggelkow, Wolfgang Büscher, Marcus Mockler

Maren – „Alkohol macht das Leben erst schön!"

Maren ist 16 Jahre alt und ein bildhübsches Mädchen. Sie lebt am Stadtrand von Berlin und macht eine Ausbildung zur Fachverkäuferin in einer großen Supermarktkette. Seit drei Jahren, von einigen Unterbrechungen abgesehen, ist sie mit ihrem Freund Florian zusammen, einem 19-Jährigen, der sein Leben nicht auf die Reihe bekommt. Florian hat seinen Hauptschulabschluss nicht geschafft und „chillt seit drei Jahren ab", wie er das nennt. Für die Arbeitsagentur ist der junge Mann schwer vermittelbar. Zu einigen Vorstellungsgesprächen ist er einfach nicht erschienen. „Ich habe verschlafen", lautet seine Standardausrede.

Florian lebt schon in einer eigenen Wohnung, denn der neue Freund seiner Mutter wollte ihn nicht bei sich haben. „Die zwei Kleinen reichen mir vollkommen, ich will deine Mutter und nicht eine ganze Familie!", hatte er Florian gesagt und ihn dann rausgeworfen. Florians Mutter war das gleichgültig. „Und tschüss!", das hatte sie ihm noch hinterhergerufen. Seitdem gab es zwischen dem jungen Mann und seiner Familie keinen Kontakt mehr.

Auch Maren lebt nicht gerade in glücklichen Familienverhältnissen. Ihre Eltern streiten sich häufig, auch im Beisein ihrer drei Kinder. Maren hat noch einen zweijährigen Bruder und eine 14-jährige Schwester. Zu Hause leben sie sehr beengt in einer kleinen Vierzimmerwohnung. Beide Elternteile sind seit vielen Jahren ohne Arbeit, das Geld ist knapp. Von ihrer kargen Ausbildungsvergütung muss Maren die Hälfte an ihre Eltern abgeben, obwohl sie fast nie zu Hause ist. Maren schläft so gut wie immer bei ihrem Freund. Das hat aus der Sicht von Maren mehrere Vorteile: Sie ist weg von ihrer Familie, hat ihre Ruhe, und es ist auch nicht ganz so weit zu ihrem Arbeitsplatz.

Allerdings gab es dadurch in den letzten Monaten auch sehr viel Stress mit ihrem Chef im Supermarkt. Fast an jedem Abend sind Freunde und „Saufkumpels" (wie Florian sie nennt) zu Besuch bei Marens Freund, und dann geht es fast immer wild zu. Es wird viel getrunken – manchmal nur Bier, zumeist aber Hochprozentiges. „Bier ist doch kein Alkohol!", belügen sich Florian und fast alle seiner Kumpels selbst. Sie feiern bis tief in die Nacht, und Maren kommt einfach nicht zur Ruhe. Die Wohnung von Florian ist sehr klein: Es gibt zwei kleine Zimmer, eins davon mit einer kleinen Einbauküche, sowie ein Bad.

Oft kommt es auch vor, dass einer der Freunde eine neue Freundin mitbringt, und die beiden ziehen sich in Florians Schlafzimmer zurück. Dann sind beide Zimmer besetzt und Maren kommt nicht vor 3:00 oder 4:00 Uhr morgens ins Bett. Fast immer verschläft sie nach so einer durchzechten Nacht – vor allem, wenn sie Frühschicht hat. Selbst zur Spätschicht ist sie schon einmal unpünktlich erschienen. Hinzu kommt, dass Florian sie hin und wieder überredet, doch einfach liegen zu bleiben: „Wir machen uns einen schönen Tag." Und dann ist sie auf Florians Drängen hin schon mal bei ihm geblieben.

Nach dem fünften Fehltag musste sie bei ihrem Chef antreten. Der war stinksauer und drohte ihr mit dem Rauswurf. Viele solcher Nummern kann Maren sich nicht mehr erlauben, und einen neuen Job zu finden, das ist in Berlin fast unmöglich, vor allem in ihrem Kiez.

Vor einem Jahr hat Maren zum ersten Mal harten Alkohol getrunken. Davor war es immer nur Wein, manchmal auch Alkopops. Eigentlich war es ganz schön. Der Wodka schmeckte ihr nicht so richtig, aber mit ein wenig Brausepulver klappte es ganz gut.

Zusammen mit Florian und einer weiteren Freundin schafften sie es an diesem Abend, eine ganze Flasche Wodka leer zu trinken. Florian war danach ganz kuschelig; er versuchte, Maren und die gemeinsame Freundin anzumachen. Maren hatte nicht wirklich etwas gegen Sex zu dritt. Es war ihr eher gleichgültig, aber sie war auch ein wenig neugierig. Als Florian dem Mädchen dann aber die Bluse aufknöpfte, war ihr schon ein wenig mulmig zumute. Minuten später lagen sie alle nackt im Bett. Florian wollte natürlich mehr, aber es klappte nicht so ganz mit seiner Männlichkeit. Der Wodka, die Zigaretten und ein Joint zeigten ihre Wirkung. Bei Florian lief nichts mehr. Ihm war das natürlich total peinlich. Die Freundin verließ dann ein wenig enttäuscht die Wohnung. Maren brachte sie zur Tür. Als sie zurückkam, schlief Florian bereits.

Maren legte sich neben ihn. Ihr war schwindelig. Es drehte sich alles in ihrem Kopf und sie rannte zur Toilette. Danach ging es ihr ein wenig besser, und nach einigen Minuten schlief sie auch ein.

Zwei Stunden später wachte Maren auf. Um sie herum war undurchdringliches Dunkel und sie konnte sich kaum bewegen. Mit einer Hand ertastete sie ein Bein ihres Freundes. Der schlief fest und tief. Ihr Kopf dröhnte, und sie meinte zu schwanken wie auf einem Schiff. Es dauerte fast eine Stunde, ehe es ihr etwas besser ging. Auch am späteren Morgen – es war mittlerweile fast 11:00 Uhr –, fühlte sie sich noch schlecht.

Florian war verschwunden. Er musste an diesem Tag zur Arbeitsagentur, und ein weiteres unentschuldigtes Fehlen hätte eine Kürzung seines Hartz-IV-Satzes bedeutet. Auf dem Tisch standen noch die leeren Flaschen.

Maren zog sich an, ihre Kleidung lag verstreut in der ganzen Wohnung herum. Zum Glück hatte sie an diesem Tag Spätschicht, sonst wäre der Ärger unausweichlich gewesen. Sie fuhr direkt von Florians Wohnung aus zur Arbeit in den Supermarkt. Es war einer ihrer härtesten Arbeitstage. Sie fühlte sich leer. Heute Abend würde sie zu Hause schlafen, auch wenn sie darauf keine große Lust verspürte. Sie brauchte ihren Schlaf. Der Abend war schön gewesen ... wenn nur diese Nachwirkungen nicht gewesen wären!

Florians Erinnerung an den Vorabend war eine andere. Er hatte als Mann versagt. Woran lag das nur? Das Aufstehen an diesem Morgen war eine Qual gewesen. Der Wodka zeigte seine ganze Wirkung. Florian zog sich in die Küche zurück und versuchte, sich über sein weiteres Vorgehen klar zu werden. Würde sich der Weg zur Arbeitsagentur lohnen? Er zögerte. Seine dortige Betreuerin hasste er regelrecht. Seine Unentschlossenheit ärgerte ihn. Wovor hatte er eigentlich Angst? Er hatte keine Zeit, die Frage zu beantworten. Es war schon spät.

Florian griff sich eine halb volle Flasche Bier, die noch auf dem Tisch stand. „Fang morgens mit dem an, womit du am Abend aufgehört hast." Das hatte seine Mutter ihm vor einigen Jahren beigebracht, um den Kater zu überwinden. Es war der Morgen gewesen, nachdem er sich zum ersten Mal einen hinter die Binde gegossen hatte. Er nahm einen großen Schluck aus der Flasche, warf sie dann in den Abfall und verließ das Haus.

Immer noch dachte er an sein nächtliches Versagen. „Am Alkohol kann's doch wohl nicht liegen", machte er sich selbst vor. Schließlich konsumierte Florian schon seit einigen Jahren alkoholische Getränke und bisher hatte es mit dem Sex immer bestens funktioniert.

Es wurde ein langer Vormittag. Florian musste ganze zwei Stunden auf sein Gespräch in der Arbeitsagentur warten und dieses Mal war er sogar pünktlich. Danach ging er in ein Pornokino. Die Sache mit dem Hänger im Bett ließ ihn einfach nicht in Ruhe.

❖

Den nächsten Abend verbrachte jeder für sich. Irgendwann musste man ja auch mal schlafen. Florian begriff nicht, woher einige seiner Kumpels tagsüber die Kraft hatten, auch noch zu arbeiten. Und das Tag für Tag. Florian war mit seinem Leben ganz glücklich. Es ging doch nichts über die vielen Partys in seiner Wohnung. Sein Hartz IV reichte aus, um einigermaßen über die Runden zu kommen. Hin und wieder nahm er einen Aushilfsjob an, und so kam er ganz gut klar.

Als Maren am nächsten Morgen die Augen aufschlug, wusste sie zuerst nicht, wo sie war. Wo steckte Florian? Dann fiel es ihr wieder ein. Sie schaute auf ihre Armbanduhr: Es war 9:00 Uhr. Sie blieb noch etwas liegen. Die anderen waren wohl schon weg. Durch die Wand meinte sie, die Stimmen der Nachbarn zu hören. Irgendeine Frau keifte so laut, dass Maren aufstand.

Manchmal hatte sie es so satt. So zu leben, in einem Plattenbau, wie ihre Eltern, zwischen widerlichen Nachbarn, das wollte sie nicht. Sie stand auf und hatte es plötzlich eilig, wegzukommen. Sie duschte nicht einmal, sondern zog sich gleich an und ging in das dunkle, kleine Wohnzimmer. Die Balkontür stand offen, ihre Mutter hatte wohl vergessen, sie zu schließen. Maren atmete tief durch, ein letzter Spaziergang mit ihren Augen durch den kleinen Lebensmittelpunkt ihrer Familie, dann verließ sie die Wohnung. Heute war ihr freier Tag. Sie wollte zu ihrem Freund.

Eine Stunde später stand sie, völlig durchnässt von einem Regenschauer, vor Florians Wohnung. Mit ihrem Schlüssel öffnete sie die Haustür und fuhr mit dem Aufzug in den 9. Stock. Zum Glück war Florian zu Hause. Er lag angezogen auf dem Bett.

Maren dachte an den gestrigen Abend. Ob sie ihren Freund darauf ansprechen sollte? Schlief er im Rausch bei irgendwelchen Partys auch mit anderen Mädchen, wenn sie nicht mit dabei war? Fragen über Fragen lagen ihr auf der Zunge.

Doch bevor sie loslegen konnte, redete Florian schon von selbst los. Er räusperte sich. „Du, ich wollte mich entschuldigen, dass ich gestern nicht konnte. War wohl zu viel irgendwie." Mehr kam nicht. Kein Wort über die Freundin.

Na, egal, dachte Maren und schaute im Kühlschrank nach etwas Trinkbarem. Sie öffnete eine Flasche Bier und leerte sie fast in einem Zug. „Nachdurst" nennt man das wohl. Dann legte sie sich zu ihrem Freund aufs Bett und kuschelte sich dicht an ihn heran. So verbrachten sie den Nachmittag miteinander.

Zwischendurch lief Florian zur Tankstelle in der Nachbarschaft und kaufte noch ein Sixpack Bier. Irgendwann schliefen sie dann miteinander. *Es klappt also doch noch*, dachte Florian erleichtert. Inzwischen war es schon 20:00 Uhr. Gegessen hatten die beiden den ganzen Tag noch nichts; der Kühlschrank war leer, Florian war pleite und Maren besaß noch stolze 8 Euro.

Die beiden gingen gemeinsam aus dem Haus. Der kleine russische Supermarkt war ihr Ziel. Dort gab es billigen Wodka und vielleicht fanden sie auch noch was Preiswertes zu essen.

Unterwegs trafen sie Mike. Er saß mit hochgezogenen Schultern auf einem Sockel vor dem Geschäft, eine Flasche Bier in der Hand. Mike verzog keine Miene, als er die beiden begrüßte. Der Junge war gerade erst 16 Jahre alt geworden und lebte bei seiner Mutter.

„Bei mir geht nicht, meine Mutter hat 'nen neuen Lover", zischte Mike sichtlich wütend. Er hielt aber stolz einen 20-Euro-Schein in die Luft. „Hab ich ihm geklaut. Der ist zu doof, um auf seine Kohle aufzupassen."

Kollektives Aufatmen bei den drei Freunden: Der Abend war gerettet! Die drei gingen in den Supermarkt und kauften Wodka, Bier und Limo. Auch für was Essbares war noch genügend Geld vorhanden. Dann gingen sie die 200 Meter zurück zur Wohnung. Dort angekommen rauchten sie erst einmal eine Zigarette. Auf dem Tisch lag noch eine ganze Packung, die hatte wohl einer der Kumpels gestern vergessen. Sie öffneten die Wodkaflasche und nahmen jeder einen tiefen Schluck.

Wenn doch die Tage genauso schön wären wie die Abende!, dachte Maren und öffnete mit dem Feuerzug eine Flasche Bier.

Dieser Abend verlief so wie fast alle anderen. Um 2:00 Uhr morgens gingen sie ins Bett. Mike schlief auf dem Sofa. *Hoffentlich höre ich morgen den Wecker*, dachte Maren, denn am kommenden Morgen war sie für die Frühschicht eingetragen. Dann schlief auch sie ein.

❖

Maren kam am nächsten Morgen natürlich wieder zu spät zur Arbeit. Doch sie hatte Glück: Ihr Chef lag krank zu Hause im Bett und auf ihre Arbeitskolleginnen konnte Maren sich verlassen. Die hielten dicht.

Einige Tage später feierte Maren zusammen mit ihrer besten Freundin deren 17. Geburtstag. Florian war nicht mit dabei. Er hatte noch einen dicken Kopf vom Vortag und zudem keine große Lust, da er die Freundin nicht leiden konnte.

Der Abend verlief anfangs ganz lustig. Es wurde gekifft und vor allem viel getrunken. Dabei fiel Maren ein Junge auf, der, so fand sie, „voll süß" aussah. Die beiden saßen bald nebeneinander auf der Couch und hatten sich viel zu erzählen. Paul, so hieß er, zeigte großes Interesse an Maren. Die beiden wollten miteinander tanzen. Zögernd nahm Maren Pauls Hand. Sofort setzte sich Paul in Bewegung, umfasste ihre Taille mit seinen braun gebrannten Armen und begann, sich mit ihr im Rhythmus zu drehen. Die beiden hatten an diesem Abend schon sehr viel getrunken. Maren versuchte, sich den Tanzschritten von Paul anzupassen, doch das klappte nicht so ganz. Es dreht sich alles in ihrem Kopf.

Als sie nicht mehr konnte, nahm Paul sie auf seine Arme und trug sie von der Tanzfläche in das Schlafzimmer ihrer Freundin. Er legt sie auf das breite Bett und ging zurück ins Wohnzimmer. Dort holte er eine Flasche eines sehr süßen Getränks, das es aber in sich haben sollte, und kam zurück zu Maren. Sie tranken, bis die Flasche halb leer war. Um Maren drehte sich alles. Trotzdem nahm sie wahr, dass Paul sich auszog. Seine Hände wanderten unter ihr Shirt und dann weiter unter ihren kurzen Rock. Sie ließ es sich gefallen. Die beiden schliefen miteinander. Kondome hatten sie nicht dabei und Maren war zu betrunken, um etwas zu spüren. Sie hatte das Gefühl, sich selbst zuzuschauen. Dann ging alles ganz schnell. Sekunden später war Paul fertig, stand auf und zog sich wieder an.

Maren tat, als ob nichts gewesen wäre. Sie würde über diesen One-Night-Stand nicht ein Wort verlieren. Florian und Paul kannten sich ohnehin nicht, da würde wohl nichts durchsickern.

Ob ihre Freundin etwas mitbekommen hatte, konnte Maren nicht sagen. Die Tür zum Schlafzimmer jedenfalls war nicht abgeschlossen gewesen, aber während der kurzen Aktion hatte sich niemand blicken lassen.

Maren ging ins Bad und sah in den halb blinden Spiegel. Sie fuhr sich mit den Händen durch ihre Haare, ordnete ihre Kleidung und drehte sich hin und her. Es war schon ein komisches Gefühl: Vor drei Stunden hatte sie den Jungen noch nicht einmal gekannt, und jetzt war der Sex mit ihm schon wieder Geschichte.

Als Maren zurück in Wohnzimmer ging, saß Paul schon wieder bei einem anderen Mädchen. Die beiden wechselten an diesem Abend kein Wort mehr miteinander.

Einige Wochen und viele Wodkaflaschen später stellte Maren fest, dass sie schwanger war. Von wem, das wusste sie nicht. Hoffentlich war Florian der Vater. Aber auch das war ihr gleichgültig. Schlecht sah Paul ja auch nicht aus und von der einmaligen Nummer hatte keiner etwas mitbekommen, nicht einmal ihre Freundin. Auch Paul hatte wohl dichtgehalten.

Mit dem Trinken will Maren während der Schwangerschaft nicht aufhören, auch mit dem Rauchen nicht. Denn auch ihre Mutter, das weiß sie von ihrem Vater, konnte während der Schwangerschaft mit Maren nicht vom Alkohol und von den Zigaretten lassen. *Und was ist passiert? Nichts!*, denkt Maren heute. Also: weiter wie gehabt.

Saufen, bis der Arzt kommt –
und er kommt immer öfter

Es geht in diesem Buch nicht um ein Feierabendbierchen. Es geht nicht einmal um den Partyschwips am Wochenende. Wir leben in einer Alkohol-Kultur, und das seit vielen Jahrhunderten, vielleicht sogar Jahrtausenden. Positiv formuliert: Die Mehrzahl der Menschen kann mit Alkohol umgehen und weiß zumindest ungefähr, wo die eigenen Grenzen sind.

In diesem Buch geht es um das Saufen, das kein Maß kennt. Um das wiederholte, ja regelmäßige Trinken bis zum totalen Kontrollverlust. Um Kinder und Jugendliche, die sich bis zur Bewusstlosigkeit zuschütten. Junge Menschen, die Stammgäste in der Notaufnahme der Kliniken sind. Davon gibt es viele – viel zu viele! Doch die Öffentlichkeit hat das Phänomen „Komasaufen" bislang nur am Rande wahrgenommen.

Das Phänomen hat in den vergangenen Jahren dramatisch zugenommen. In den unteren Gesellschaftsschichten etwas mehr, aber auch im braven bürgerlichen Lager. In den Medien wurde das Thema bislang nur gestreift. Hier eine kleine Reportage, dort eine neue Statistik – und flugs gehen wir wieder zur Tagesordnung über. Dabei entstehen in unserem Umfeld durch die Sauferei Schäden in kaum mehr zu beziffernder Höhe. Der Alkohol zerfrisst Gehirnzellen, lähmt Organe, ja er greift nach der Seele des Konsumenten.

Fast alle Jugendlichen und jungen Erwachsenen haben schon Erfahrung mit Alkohol gemacht. Das gehört inzwischen zu unserer Kultur wie andernorts das Kauen von Kokablättern. Der Anteil der 12- bis 25-Jährigen, die mindestens schon einmal Alkohol getrunken haben, liegt bereits bei fast 90 Prozent, sagt eine Studie der BZgA aus dem Jahre 2009[2].

Und es gibt kaum noch Unterschiede zwischen den Geschlechtern. Saufen als Härtetests für Jungs, die einander beweisen wollen, wer mehr verträgt? Dieses Monopol existiert nicht mehr. Mädchen trinken heute sogar durchschnittlich mehr als ihre männlichen Altersgenossen. Das belegen neue Zahlen. Die Jungs waren bis 2006 beim Komasaufen in der Überzahl. Das änderte sich ein Jahr später.

Der Grund ist einfach: Experten sehen als eine Ursache für den verstärkten femininen Griff zur Flasche die „Alkopops". Mit diesen süßen alkoholischen Mixgetränken versucht die Industrie, junge Menschen und vor allem die weibliche Zielgruppe für den Konsum von Alkohol zu gewinnen.

Je süßer ein Getränk ist, umso schmackhafter wird es auch für Mädchen. Deshalb gelten süße Cocktails als Turbobeschleuniger für die Alkoholabhängigkeit. Wodka gemischt mit Cola trinkt sich leicht und verursacht in kürzester Zeit ein angenehmes Rauschgefühl.

Sich mit Bier in den Vollrausch zu trinken ist sehr viel schwieriger. Die dafür benötigte Menge an Flüssigkeit kann kaum jemand in kurzer Zeit konsumieren. Und beim Komasaufen soll ja eben möglichst schnell getrunken werden. „Trinken, erbrechen, weitertrinken bis zum Umfallen" – das ist das Motto der Generation Wodka.

Die Statistik zeigt beim Thema „Kontakt mit Alkohol" eine rasant ansteigende Kurve in den Teeniejahren. Bis zu einem Alter von 15 Jahren haben knapp 40 Prozent aller Kinder und Jugendlichen noch keinen Alkohol ausprobiert. Dann allerdings wird in kürzester Zeit in den meisten Köpfen ein Schalter umgelegt. Ab dem 15. Geburtstag greifen sie häufiger zum Glas. In der Altersgruppe der 16- bis 17-Jährigen sind es nur noch 6,5 Prozent, die noch nie Alkohol getrunken haben. Das hat die Bundeszentrale für gesundheitliche Aufklärung ermittelt. Die sogenannte „Drogenaffinitätsstudie" wird seit 1973 regelmäßig im Abstand von drei bis vier Jahren durchgeführt.[3]

Die meisten Jugendlichen und jungen Erwachsenen, die irgendwann schon einmal Alkohol getrunken haben, haben auch in den letzten 12 Monaten Alkohol konsumiert. Will sagen: Die Erfahrung mit Schnaps, Bier und Wein bleibt nur in den seltensten Fällen einmalig – in der Regel wiederholt sie sich. Insbesondere die Jugendlichen in der Altersgruppe der 16- bis 17-Jährigen weisen einen deutlich höheren Verbrauch an Alkohol auf als die 12- bis 15-Jährigen. In dieser Phase des Ausprobierens trinkt gut ein Drittel dieser Altersgruppe regelmäßig. Das ist dann interessanterweise ein Wert, der sich auch bei älteren Jugendlichen nicht mehr steigert.

Was sich beruhigend anhört, erweist sich allerdings als tückisch. Denn während die Statistik uns einflüstert, dass es ab einem gewissen Alter nicht mehr schlimmer wird, hat es innerhalb der Trinkergruppe in den vergangenen Jahren einen dramatischen Schub gegeben. Diejenigen, die früher viel getrunken haben, trinken heute sehr viel; diejenigen, die früher sehr viel getrunken haben, tauchen heute regelmäßig ins Koma ab. Die Generation Wodka wächst.

Immer früher, immer mehr

Leider gibt es auch in frühen Jahren Extremfälle: Ein siebenjähriger Junge ist zum Beispiel im November 2009 in Berlin mit einer lebensgefährlichen Alkoholvergiftung in ein Krankenhaus eingeliefert worden. Passanten hatten das von Krämpfen geschüttelte Kind auf einem Spielplatz gefunden. Es soll sich gemeinsam mit seinem zwei Jahre älteren Bruder betrunken haben. Den Alkohol hatten die Kinder von älteren Jugendlichen erhalten. Von solchen Alkoholexzessen liest und hört man inzwischen immer wieder in den Medien.

Saufen die Kids also heute mehr als zum Beispiel vor 40 Jahren? Das kann man so nicht sagen. Insgesamt ist der regelmäßige Konsum bei Minderjährigen in den vergangenen Jahren zurückgegangen, sogar sehr deutlich, von 44 Prozent im Jahr 1979 auf 29 Prozent im Jahr 2008. Warum das so ist, machen die folgenden

Zahlen deutlich: Der Konsum von harten Getränken, also Spirituosen und alkoholischen Mixgetränken, ist seit 1986 nahezu konstant geblieben. Der Konsum von Bier und Wein ist aber eingebrochen. Bei Bier von 38 Prozent im Jahr 1979 auf 22 Prozent 2008. Bei Wein sind die Zahlen aus der Sicht der Winzer noch dramatischer. Der Weinkonsum sank im gleichen Zeitraum von 17 Prozent auf 5 Prozent. Das belegt eine Studie der KPMG, einem Netzwerk von Wirtschaftsprüfungs- und Beratungsunternehmen.[4]

Diese Zahlen wirken auf viele Verantwortliche wie Baldrian, denn sie suggerieren, dass das Problem abklingt. Für einen Teil der Bevölkerung mag das auch stimmen – für einen anderen Teil aber nicht. Während ein Teil der jungen Menschen heute vielleicht sogar vernünftiger mit Alkohol umgeht als früher ihre Eltern, driftet der andere Teil in immer verheerendere Rauschorgien ab. Das „Binge"-Trinken, das Komasaufen, kannte man in dieser Form vor einigen Jahren noch nicht.

Realistischerweise muss man sagen: Nicht alle Jugendlichen, die hin und wieder mal ein Bier trinken, sind alkoholsuchtgefährdet. Als Rauschtrinken wird, wie der Name schon sagt, ein Alkoholkonsum in einer Menge bezeichnet, die zu einem Rausch führt.

Doch ab wann spricht man eigentlich von einem Rausch? Bei einer nur leicht spürbaren Beeinträchtigung reden wir eher von einem Schwips. Und der gilt in unserer Gesellschaft – leider – als eher erheiternd, auch wenn man dabei schon nicht mehr im Vollbesitz seiner körperlichen und geistigen Kräfte ist. Ein Schwips ist sozusagen gesellschaftlich anerkannt, obwohl er schon eine Vorstufe zum Rausch darstellt.

Die nächste Stufe ist dann eine deutlich erkennbare Berauschung. Der Alkoholkonsument ist nicht mehr in der Lage, sein Verhalten zu steuern. Ganz wichtig: Er kann auch nicht mehr entscheiden, ob er nun besser aufhört zu trinken. Er hat nur noch einen sehr schwachen Willen. An diesem Punkt breitet sich die Enthemmung aus, die Besoffene oft so widerwärtig macht.

Danach kommt der Vollrausch bis hin zur komatösen Bewusstlosigkeit. Komasaufen eben. Kinder und Jugendliche müssen in diesem Zustand unverzüglich ins Krankenhaus gebracht werden. In den vergangenen Jahren wurden immer mehr junge Menschen mit der Diagnose „Alkoholintoxikation" in einer Klinik behandelt, also mit einer Alkoholvergiftung. Das bestätigen Zahlen aus Ministerien und von Fachorganisationen[5].

Warum ist das so? Und: Sind unsere Kinder heute gefährdeter als früher?

„Binge"-Trinken, das als ein Indikator für riskanten Alkoholkonsum gilt, ist vor allem bei den jungen Menschen weitverbreitet. Jeder fünfte Jugendliche im Alter von 12 bis 17 Jahren hat in den letzten 30 Tagen mindestens einmal bei einem Trinkgelage fünf Gläser Alkohol oder mehr getrunken. Das hat eine Untersuchung aus dem Jahr 2008 der Bundeszentrale für gesundheitliche Aufklärung ergeben.

Der Anteil der Jugendlichen mit wöchentlichem Komasaufen ist natürlich wesentlich geringer. 2008 gaben knapp 6 Prozent aller Jugendlichen an, mindestens einmal pro Woche 5 Gläser oder mehr bei einer Party getrunken zu haben. Diesen Anteil kann man sehr unterschiedlich interpretieren. Die einen würden sagen: „Das ist doch nur jeder siebzehnte Jugendliche." Wir sind der Ansicht: Das ist eigentlich schon eine kritische Menge. Sie bedeutet:

In jeder Schulklasse mit Jugendlichen finden sich ein oder zwei Schüler, die sich Woche für Woche komplett die Birne zudröhnen!

Manche tun das sogar mehrfach pro Woche! Und wenn sie auch noch gemeinsam sturzbetrunken um die Häuser ziehen, folgen Gewalt und andere Exzesse. Dann sind 6 Prozent ein furchterregend hoher Anteil!

Rausch mit bitteren Folgen

Ein wesentlicher Indikator für einen als riskant einzustufenden Alkoholkonsum ist die getrunkene Menge Alkohol pro Tag. Wenn man die Grenzwerte für Erwachsene als Maßstab nimmt, pflegen fast 10 Prozent aller Kids zwischen 12 und 17 Jahren einen riskanten und gefährlichen Konsum alkoholischer Getränke. Und Kinder sind nun einmal keine kleinen Erwachsenen. Was der Alkohol im Körper und mit der Psyche Heranwachsender anrichtet, dazu haben wir auch Mediziner befragt. Dazu später mehr. Soviel schon an dieser Stelle: Ein ausgewachsener Körper kann einiges vertragen. Auch wenn täglicher Alkoholkonsum sehr gefährlich für die Gesundheit ist, können Alkoholiker durchaus alt werden. In Berlin haben wir mit einem Obdachlosen gesprochen, der schon mehr als 20 Jahre auf der Straße lebt und täglich trinkt, ja säuft. Trotz allem leben diese Extremkonsumenten sehr risikoreich.

Ein junger Körper kann diese Tortur nicht wegstecken. Prominente Mediziner machten uns gegenüber deutlich:

„Ein junger Mensch, der mit 12 Jahren anfängt zu trinken und über Jahre hinweg regelmäßig Alkohol konsumiert, wird oft nicht älter als 25 Jahre. Dann versagen zum Beispiel einzelne Organe."

Aber Trinken bis zum Umfallen schadet auch dem jungen Gehirn. Das haben Wissenschaftler vom *Scripps Research Institute* in La Jolla, Kalifornien, bei einer Studie mit Affen herausgefunden. Über einen Zeitraum von mehreren Monaten mussten vier Affen täglich ein alkoholhaltiges Getränk mit Zitronengeschmack trinken. Alkoholtests zeigten, dass sich die Tiere bis zu einem Alkoholwert betranken, der bei einem Menschen einem Promillegehalt von 2,5 entsprechen würde. Drei weitere Affen erhielten während des gesamten Zeitraums keinen Tropfen Alkohol.

Nach einer Pause von zwei Monaten wurden die Gehirne der Affen untersucht. Bei der Begutachtung der Affenhirne entdeckten die Forscher mehrere Veränderungen in der Struktur des

Hippocampus. In dieser Region war die Bildung von neuronalen Stammzellen – also von den Zellen, die sich später zu Nervenzellen entwickeln – deutlich vermindert. Auch im Wachstum der Nervenzellen registrierten die Forscher erhebliche Veränderungen.

Und was bedeutet das? Der Hippocampus liegt in Zentrum unseres Gehirns. Er ist ein Teil des limbischen Systems. Hier werden Erinnerungen abgespeichert, indem Gedächtnisinhalte aus dem Kurzzeit- in das Langzeitgedächtnis überführt werden. Diese Erinnerungen werden dann an verschiedenen anderen Stellen in der Großhirnrinde „abgelegt". In der Tat erlebt man auch bei erwachsenen Trinkern, dass sie nach einiger Zeit bereits erste Gedächtnislücken aufweisen.

Dann aber erbrachten die Affenhirne noch eine besondere Überraschung: Die negative Veränderung hielt sogar an, nachdem die Tiere zwei Monate Alkoholentzug hinter sich hatten. Damit war klar, dass Hochprozentiges das Gehirn nicht nur vorübergehend, sondern nachhaltig schädigt.

Die Forscher vermuten deshalb, dass Komasaufen auch bei jungen Menschen einen lang andauernden Effekt auf die Funktionen des Hippocampus hat. Deswegen beunruhigen exzessive Trinkpartys von Jugendlichen Mediziner und Politiker gleichermaßen. Experten fordern sogar schon deutlich höhere Steuern auf Alkohol.

Vom Gelegenheitstrinker zum Alkoholiker

Wann ist man eigentlich ein Alkoholiker? Als „regelmäßig Alkohol konsumierend" gilt, wer mindestens eine Einheit Alkohol pro Woche zu sich nimmt. Dazu zählt auch ein Glas Bier und ein Glas Wein. Um die 40 Prozent aller Schüler trinken bereits regelmäßig Bier, Schnaps, Wein oder Mixgetränke. Sie sind also zumindest auf dem Weg zum Alkoholiker.

Eine aktuelle Studie der DAK[6] über den Alkoholkonsum von Schülerinnen und Schülern belegt, dass bis zum 12. Lebensjahr nur wenige Schüler zum Alkohol greifen. Allerdings geben auch hier immerhin 10 Prozent der Befragten an, wöchentlich zu trinken. Zehn Prozent!

Jedes zehnte Kind bis zum 12. Lebensjahr trinkt also mehr oder weniger regelmäßig Alkohol, darunter Weinmischgetränke, Schnaps und alkoholische Mixgetränke, also auch harte Sachen.

Mit dem 13. bis 15. Lebensjahr gibt es dann die bereits erwähnten regelrechten Schübe, der Alkoholkonsum steigt deutlich. Was der regelmäßige Suff mit den jungen Körpern macht, kann die Krankenkassen unvorstellbare Summen kosten. Dafür wird letztendlich die Gesellschaft aufkommen müssen. Durch den weiteren Anstieg der Alkoholiker werden sich die Krankenkassenbeiträge über kurz oder lang noch einmal deutlich erhöhen.

Der schwedische Arzt Magnus Huss (1807–1890) definierte im Jahr 1849 als Erster den Alkoholismus als Krankheit. Er unterschied dabei zwischen der „acuten Alkoholskrankheit oder Vergiftung" und dem „Alcoholismus chronicus", also dem chronischen Saufen. Allerdings konnte er mit dieser Erkenntnis die Fachwelt nicht für sich gewinnen.

Erst Elvin Morton Jellinek (1890–1963) setzte sich 1951 mit seiner durch die Arbeit mit den Anonymen Alkoholikern inspirierte Ansicht weltweit durch, dass Alkoholismus eine Krankheit ist. Übrigens sind Männer seit jeher weit häufiger betroffen als Frauen. 70 Prozent der Alkoholiker sind Männer. Man vermutet, dass es in Deutschland insgesamt bis zu 2,5 Millionen Alkoholiker gibt.

Allerdings sind die Frauen auch hier stark im Kommen. In den vergangenen Jahrzehnten haben sie erst relativ spät mit dem auffälligen Trinken angefangen. Bei den Männern gab es erste Tendenzen schon in der frühen Jugend. Doch wenn die Zahlen sich weiter so entwickeln, werden die Frauen die Männer bald eingeholt haben. Und die Männer werden in der Zukunft wohl nicht weniger trinken. Die Alkoholiker werden also immer mehr.

Wenn Jugendliche oder Erwachsene wiederholt trinken (anfangs oft in kleineren Mengen, doch dann das Ganze systematisch steigernd), es oft aber selbst nicht bemerken, dann spricht man von einem „funktionierenden Alkoholiker". Der Betroffene geht einfach weiter zur Schule oder seinem Job nach – mit einer gewissen Leistungsminderung vielleicht, aber nicht arbeitsunfähig. Die Krankheit verläuft also unauffällig und langsam, meist über mehrere Jahre hinweg. Den Betroffenen wird die Schwere ihrer Krankheit oft nicht bewusst, oft leugnen sie diese auch ganz. Verständlich, denn sie „funktionieren" ja.

Der spätere Alkoholiker fängt in der ersten Phase seiner Krankheit oft mit dem Trinken in Gesellschaft an. Dort fällt es weniger auf. In der zweiten Phase braucht er schon regelmäßig Alkohol. In der dritten Phase kann er sein Trinken nicht mehr kontrollieren. Der Konsument kann zwar über längere Zeit abstinent sein, doch wenn er trinkt, kann er sein Verhalten nicht mehr steuern. In der vierten und chronischen Phase wird der Alkoholiker komplett vom Alkohol beherrscht. Dann ist es schon zu spät. Nur ein radikaler und endgültiger Entzug, eine Entgiftung, kann hier noch helfen. Das ist übrigens bei jungen Menschen und Erwachsenen identisch. Die Krankheit macht keinen Unterschied zwischen jung oder alt, arm oder reich.

Alkohol macht Schule

Obwohl Alkohol bei Schülern in der Regel nicht während der Schulzeit konsumiert wird, ist die Schule oft der Ort, an dem man sich zum Trinken verabredet. Hier erzählt man auch von „tollen" Erlebnissen, die man während des letzten Rauschs hatte. So spielt in der Prävention die Schule neben der Familie eine maßgebliche Rolle. In der Schule erreicht man die Zielgruppe am besten. Hier braucht es vor allem gut ausgebildete Pädagogen, die mit der Arbeit gegen den Missbrauch von Alkohol bereits Erfahrungen sammeln konnten.

Studien belegen, dass sich in den Jahren 2009 und 2010 der Trend zum exzessiven Rauschtrinken bei Teenagern weiter fortgesetzt hat. So ist vor allem die Zahl der alkoholbedingten Krankenhausaufenthalte von Kindern und Jugendlichen 2009 im Vergleich zum Vorjahr erneut gestiegen. Gerechnet auf jeweils 100.000 Jungen und Mädchen in der Altersgruppe von 11 bis 20 Jahren betrug die Zahl dieser Fälle 290, ermittelte die Techniker-Krankenkasse (TK)[7]. (Die Angaben beziehen sich auf TK-versicherte Kinder und Jugendliche.) 2008 waren es 274 Fälle je 100.000 Teenager. Das entspricht einem Anstieg von rund 6 Prozent. Im Zeitraum von 2004 bis 2009 stieg die Zahl der alkoholbedingten Klinikbehandlungen um mehr als 80 Prozent an!

Oft trinken Kids Alkohol, weil sie meinen, dadurch besser drauf zu sein oder in ihrer Clique besser anzukommen. Obwohl die Angaben bei den Untersuchungen zum Komasaufen durchaus unterschiedliche Ergebnisse hervorbringen, sind sich Experten einig: Es ist fünf nach zwölf!

Mädchen und Jungen sind durchschnittlich 13 Jahre alt, wenn sie das erste Mal Alkohol trinken, und das ist ohne Zweifel zu jung. Keines dieser Kinder wird, wenn es sein Verhalten nicht ändert, ein biblisches Alter erreichen.

Wer in sehr kurzer Zeit größere Mengen von Alkohol trinkt, bringt sich in Lebensgefahr. Noch bevor den Jungen und Mädchen bei einem Saufgelage übel wird und sie deshalb mit dem Trinken aufhören, kann der Alkohol bereits auf tiefe Regionen des Gehirns wirken und zum Beispiel eine Atemlähmung hervorrufen.

Auch geringe Mengen Alkohol sind für den jungen Organismus gesundheitsschädlich. Alkohol ist ein Zellgift, er hemmt das Wachstum und schädigt die Leber. Betroffene werden vergesslich, können sich schlechter konzentrieren und lassen auf verschiedenen Gebieten in ihrer geistigen Leistungsfähigkeit nach. Bei jungen Menschen ist zudem die Gefahr, alkoholabhängig zu werden, besonders hoch. Über diese wichtigen Zusammenhänge berichtet der Mediziner Wolfgang Luster in einem eigenen Kapitel (siehe Seite 88) noch ausführlich.

Die Deutschen und der Alkohol

Im internationalen Vergleich ist der europäische Alkoholkonsum der höchste weltweit. Deutschland verbraucht pro Kopf mehr als 10 Liter Reinalkohol im Jahr. Damit gehören wir zu den Hochkonsumländern der Welt. Im Saufen spielen die Deutschen also in der Champions League, mit guten Aussichten, hin und wieder den Weltpokal zu gewinnen.

Gemeinschaftlich Alkohol zu trinken ist ein fester und traditioneller Bestandteil der deutschen Freizeit- und Feierabendkultur. Alkoholexzesse werden von der Gesellschaft noch immer toleriert. In der bereits genannten Studie der DAK heißt es: „Wenngleich einem geringen Alkoholgenuss gesundheitsförderliche Wirkungen attestiert werden, sind die Folgen von übermäßigem Konsum so gravierend, dass Alkohol als die gefährlichste psychoaktive Substanz angesehen wird."[8]

Der Anteil alkoholabhängiger Kinder ist zwar immer noch einigermaßen gering, ein risikoreicher Umgang mit Alkohol und anderen psychoaktiven Substanzen wird aber während der Schulzeit erprobt und dann häufig in den darauffolgenden Jahren gefestigt und ausgebaut.

Einen großen Einfluss auf die Kinder haben neben den Freunden die Geschwister und Eltern. Oft sind große Mengen an Alkohol in den Haushalten vorrätig und die Kinder verlieren die Angst vor diesem Nervengift. Übrigens: Auch Suchtkarrieren anderer Art beginnen fast immer mit Alkohol und Nikotin, also den legalen Drogen.

Gibt es zwischen den einzelnen Bundesländern gravierende Unterschiede, wie Kinder mit Alkohol umgehen? Vergleiche zu ziehen ist hier sehr schwer. In Berlin kamen 2009 laut einer DAK-Studie[9], die sich auf die statistischen Landesämter bezieht, 408 Kinder nach Alkoholmissbrauch in ein Krankenhaus. Das war ein Zuwachs von 6 Prozent zum Vorjahr. Rückgänge gab es dagegen in Brandenburg, Sachsen und Sachsen-Anhalt. In einigen Bundesländern haben sich die Fälle innerhalb von 10 Jahren annähernd verdoppelt. In Nordrhein-Westfalen mussten 2009 um 7 Prozent mehr Jugendliche volltrunken stationär aufgenommen werden als im Vorjahr; da waren es insgesamt 6.578 junge Menschen. In Bayern waren es 5.316 Fälle, ein Plus von 3,5 Prozent. In Baden-Württemberg verlief die Entwicklung mit 4.028 (plus 1,7 Prozent) weniger dramatisch.

In allen genannten Ländern bedeuteten die Zuwächse gleichzeitig auch Rekordzahlen. In den neuen Bundesländern kann man die Zahlen durch den Geburtenrückgang und die Abwanderungen in andere Bundesländer nur schwer bewerten. Die rückläufigen Zahlen bedeuten nämlich keineswegs, dass die Probleme dort geringer geworden sind.

Die Ergebnisse sind in allen Bundesländern gleich erschreckend. Die krankheitsbedingten Folgen von übermäßigem Alkoholkonsum stellen sich oft erst in den späteren Jahren ein. Dennoch bleibt der Alkoholkonsum auch aktuell bei Jugendlichen nicht ohne Folgen.

Verkehrsunfälle in Verbindung mit Alkoholkonsum sind bei Jugendlichen Todesursache Nummer 1 in Deutschland.

Ein flächendeckendes Problem

Komasaufen wird übrigens in allen sozialen Schichten betrieben. Viele Deutsche sind der Auffassung, dass dieses Phänomen vor allem der Unterschicht zugeordnet werden kann, und das ist eindeutig falsch. Das zeigt etwa das Beispiel der 17-jährigen Dunja. Sie geht auf ein Gymnasium und hebt sich vom Aussehen und Verhalten deutlich von unteren Sozialschichten ab. Das Mädchen musste bereits mehrere Male mit dem Notarztwagen in eine Klinik gebracht werden.

Nach ihrer ersten Alkoholvergiftung hat sie sich noch fürchterlich geschämt.

Auf der Geburtstagsparty ihrer Schwester trank sie zum ersten Mal mehr als zwei Gläser eines alkoholischen Cocktails. Sie kippte das Zeug förmlich in sich hinein und konnte sich am Tag darauf an nichts mehr erinnern. Erst da erfuhr das Mädchen, was geschehen war: Die Partygäste hatten sie nackt ausgezogen und in eine Badewanne gelegt. Zwei Tage lang ging es ihr danach sehr schlecht und sie versprach ihren Eltern, so etwas nie wieder zu tun. Doch es folgten noch zwei weitere Einlieferungen in ein nahe gelegenes Krankenhaus. Beim letzten Mal wurde sie bewusstlos an der Kirche ihres Heimatortes gefunden.

Komasaufen ist in allen sozialen Schichten beliebt. Doch es gibt Unterschiede.

Je enger Jugendliche in gesellschaftliche Strukturen eingebunden sind oder zum Beispiel Hobbys wie Leistungssport ausüben, die nicht mit dem Trinken kompatibel sind, desto geringer ist die Gefahr, dass sie zu Komatrinkern werden.

Bei den Alkoholkonsumenten muss ja zumindest ein soziales Umfeld vorhanden sein, in dem man trinken kann, ohne negativ aufzufallen.

Eine große Gefahr für Kinder und Jugendliche ist sicherlich die Werbung für den Alkohol. Da sieht man leichtbekleidete, sportliche junge Damen und Herren, manchmal auf einem Schiff in der Karibik, manchmal auf einer lustigen Party in einer deutschen Großstadt. Die Szenen sprechen junge Menschen an und präsentieren Alkohol als heiter und fröhlich machend, als angesagt und als gesellschaftliches Muss.

Doch fängt ein Jugendlicher mit dem Trinken an, weil leicht bekleidete Damen Bier trinkend über den Strand tanzen? Unterschwellig tritt genau diese Wirkung ein, denn dafür wird Alkoholwerbung ja gemacht. Diese Werbung hat ganz klar den Auftrag, den Konsum von Alkohol zu steigern und junge Menschen für die Entwicklung von festen Trinkgewohnheiten zu gewinnen. Warum sollte die Alkoholindustrie sonst so viel Geld ausgeben, wenn nicht am Ende ein deutliches Plus in den Auftragsbüchern stünde? Es ist also über die Maßen naiv zu behaupten, dass Werbung keinen Einfluss auf das Konsumverhalten dieser Zielgruppe habe. Aber natürlich trägt die Werbung nicht die Alleinschuld am steigenden Alkoholkonsum der Jugendlichen. Sie ist nur ein Baustein von vielen.

Kommen wir noch einmal zurück auf die über den Strand tanzenden jungen Damen mit einer Flasche Bier in der Hand. Alkoholwerbung verführt, wie andere Werbung auch, grundsätzlich dazu, den Konsum immer weiter zu steigern. Und Bier ist eine Einstiegsdroge. Mit Bier allein dürfte sich wohl noch kaum jemand ins Koma gesoffen haben, aber Bier senkt die Hemmschwelle bei Jugendlichen, überhaupt Alkohol zu trinken. Gerade die Bierwerbung suggeriert uns, dass Trinken zum gesellschaftlichen Alltag dazugehört.

Bier ist daher meist das, was Haschisch bei den illegalen Rauschmitteln ist: die Einstiegsdroge. Mit Bier trinkt man sich den Mut an, auch die harten Sachen zu probieren.

Das Schlimme an der ganzen Sache ist, dass man heute fast überall gute Gründe braucht, um *nicht* zu trinken: „Wie, du trinkst keinen Alkohol? Hast du ein Problem?" Wie oft muss man sich dafür entschuldigen, dass man nicht trinken möchte? Das ist nun nicht gerade das Klima, das zu einem abstinenten oder zumindest gemäßigten Lebensstil im Umgang mit Alkohol hilft.

Neben dem schon angesprochenen persönlichen Umfeld spielen auch gesellschaftliche Normen und Sanktionierungen beim Trinken eine große Rolle. Bei uns in Deutschland konkurrieren zwei Trinkstile: der südeuropäische und der skandinavische.

In Südeuropa ist es tradierte Norm, regelmäßig kleinere Mengen Alkohol zu trinken. Zum Beispiel gehört das Glas Rotwein zum Mittagessen im Süden Frankreichs einfach dazu. Ein besoffener Mann hingegen, der dort abends aus der Kneipe kommt und betrunken nach Hause torkelt, macht sich ganz schnell zum Außenseiter.

In Skandinavien ist es eher umgekehrt. Hier gibt man sich schon eher mal die Kante, man darf auch gelegentlich einen über den Durst trinken. Der regelmäßig-mäßige Konsument ist dagegen eher verpönt.

In Deutschland wird fast überall beides akzeptiert. Deswegen fällt es hierzulande vielen Menschen schwerer, Normen zu definieren, bis zu welchem Grad Alkoholkonsum in Ordnung ist. Und deswegen trinken bei uns eigentlich die Kinder und Jugendlichen von der Professorentochter bis zum Hartz - IV-Empfänger.

Alkohol ist allgegenwärtig

Wenn man sich auf die Sucht erst einmal eingelassen hat, ist der Weg zurück sehr hart. Eine Studie der Therapiestation *Teen Spirit Island* der Kinderklinik in Hannover[10] besagt, dass alkohol- und nikotinabhängige Jugendliche am häufigsten mit Rückfällen bei einer Therapie zu kämpfen haben. Man höre und staune: Dieser Studie nach sind die Therapieerfolge bei den sogenannten „harten" Drogen größer als bei den legalen.

Experten wundert das übrigens nicht: Alkohol ist heute in Deutschland so billig und frei verfügbar wie in kaum einem anderen Land der Europäischen Union. Die Griffnähe in Supermärkten und Tankstellen, gezielte Werbung und extrem niedrige Preise sorgen dafür, dass unsere Kinder immer wieder in Versuchung geführt werden. Auch die Alkoholsteuer ist in unserem Land sehr niedrig. Man kann sich schon für ein paar Euro eine Flasche Wodka kaufen und fügt einfach ein wenig Brausepulver hinzu – fertig ist das super preiswerte, hochprozentige, süße Mixgetränk.

Ein großer Teil der betroffenen Jugendlichen trinkt, weil der Stoff fast nichts kostet und weil das Gefühl, „breit" zu sein, aus ihrer Sicht „einfach geil" ist. Das haben sie uns jedenfalls oft erzählt. Den Zeitpunkt, um aufzuhören, den findet fast keiner der jungen Leute. Wo sollen sie das auch gelernt haben, wenn das Trinken in der Werbung doch so viel Spaß macht und die Menschen dort auch noch alle so gut aussehen? So muss man sich nicht wundern, wenn der Anteil alkoholkranker Menschen in den Kliniken immer mehr ansteigt.

Seit 2007 sind psychische Störungen bereits für die meisten Behandlungstage dort verantwortlich. Sie haben die Herz-Kreislauf-Erkrankungen als Hauptanlass für eine Klinikbehandlung abgelöst und machen 16,2 Prozent aller Behandlungstage aus. 1990 betrug dieser Anteil noch 8,2 Prozent. Und Verhaltensstörungen durch Alkohol bilden die häufigste Diagnose aus der Gruppe der psychischen Störungen. Was muss eigentlich noch alles passieren, damit man die Volkskrankheit Alkoholismus endlich ernst nimmt?

Wir betreiben jährlich einen erheblichen Aufwand, um die neuen Zahlen aus der Drogenszene bekannt zu machen. Das ist natürlich auch richtig so, denn jeder Drogenkranke und Konsument harter Drogen ist einer zu viel. Jede Art von Drogenmissbrauch ist für den Betroffenen eine Katastrophe – und für die Gesellschaft letztlich auch. Nur: Solange wir in Sachen Alkoholmissbrauch salopp über die Auswirkungen hinwegsehen, so lange ist die Antidrogenpolitik in unserem Land nicht glaubwürdig.

Eine Schlüsselrolle spielt übrigens auch hier das Internet. Auf den einschlägigen Seiten sind unzählige Filme zu sehen, wie Jugendliche sich betrinken. Und oft sind diese Filme nicht einmal anonym eingestellt worden. Die Hersteller sind stolz auf ihre Produkte! Sie trinken exzessiv, hemmungslos, bis zum Umfallen. Und Deutschland schaut dabei zu.

Videos mit Trinkexzessen haben im Internet noch immer Konjunktur. Diese sogenannten „Trinkpornos" finden immer mehr Nachahmer. Hier ein Beispiel, das auf www.stern.de zu finden ist: „Von oben regnet es, aus den Flaschen kommt das Bier. Drei Jugendliche stehen auf einem gepflasterten Weg, hinter ihnen nur ein weites Feld, ein paar Meter entfernt ein Gewässer. Das dunkelblaue Auto parkt direkt daneben. Es ist Anfang Januar, wahrscheinlich irgendwo in der Nähe von Magdeburg. Was gleich passiert, werden sich später über 100.000 Menschen ansehen. Aufgezeichnet und eingestellt bei Youtube. Das Zeugnis einer Wette. Es geht um 60 Euro. Wer von den dreien am meisten trinkt, gewinnt. Nach etwa vier Minuten gibt es einen Sieger, die Verlierer erbrechen sich daneben ins Gras."

Im Netz findet man Tausende dieser Filme, zum Beispiel bei Youtube oder bei MyVideo, und man kann nur wenig dagegen tun. Wenn zum Beispiel einer der Internetplattform-Betreiber Kenntnis von diesem Film hätte, würde er ihn auch unverzüglich entfernen. Das besagen auch die firmeninternen Nutzungsbedingungen, und das ist auch glaubhaft. Nur löschen die Firmen den Beitrag erst dann, wenn sie Meldung davon erhalten – und diese Meldungen kommen nur sehr selten. Die User wollen doch ihren Spaß haben. Außerdem haben die meisten Menschen Besseres zu tun, als Internetpolizei zu spielen. Vermutlich werden für einen gelöschten Film ohnehin 50 neue hochgeladen – es ist ein Fass ohne Boden.

Und die Gesetzgebung für das Internet ist immer noch sehr schwammig. Ab wann ein Video jugendgefährdend ist, kann man nur sehr schwer erkennen. Wann beginnt die Zensur und wo fängt die Grauzone an? So ist Selbstschutz immer noch die beste Lösung.

Lehrer und Eltern können durch Programme, die man auf seinem Rechner installiert, selbst entscheiden, was man oder was die Kinder sehen dürfen. Zitieren wir noch einmal stern.de: „So stammt etwa das mutmaßlich erfolgreichste aller Saufvideos aus einer TV-Show von Pro Sieben: ‚Wetttrinken‘ lautet der Titel. Die Protagonisten: Alexander und Oliver. ‚Ich habe dir etwas mitgebracht‘, sagt Oliver. Mehr als 30 kleine Schnapsflaschen sind in der Tüte. Als sie klirrend auf den weißen Couchtisch fallen, blickt Alexander konsterniert auf den Tisch. ‚Ist das jetzt ernst?‘, fragt er. Es wird ernst. Oliver, der mit Nachnamen Pocher heißt, und Alexander, der als ‚Elton‘ im Unterhaltungsprogramm von Pro Sieben auftritt, betrinken sich, aber nicht ganz bis zur Bewusstlosigkeit.“

Dieser Film ist bei YouTube fast eine halbe Millionen Mal angeschaut worden. Natürlich dürfen Kritiker hier die Frage stellen, ob das noch rechtens ist. Handelt es sich hier um eine Satire, oder ist es eine Verletzung der Vorbildfunktion?

Zumindest eins ist sicher: Die Kinder von heute sind ungleich viel mehr Reizen ausgesetzt, als es früher der Fall war. Wir können uns nur dann helfen, wenn wir auch unseren Kindern helfen. Auch Kinder brauchen Entspannung, sie stehen unter einem enormen Druck. Sie werden mit Informationen aus dem Internet, den Medien, dem Elternhaus, von Freunden und aus der Schule regelrecht bombardiert. Bei der Verarbeitung dieser Informationen werden sie aber häufig allein gelassen und der Wust an Informationen erschöpft viele Kinder.

Was verspricht ihnen in dieser Situation Entspannung? Und zwar schnell, ohne große Umwege, erlebbar mit einem Turbobeschleuniger? Es ist der Alkohol. So nehmen sie es wahr, so erleben sie es.

Der erste Schritt zu einer rauchfreien Republik ist in Deutschland und anderen Ländern getan. Beim Alkohol sind wir aber noch lange nicht so weit. Vor 20 oder 30 Jahren haben die Kinder ihre ersten alkoholischen Erfahrungen in der Regel auf Festen gesammelt, auf denen auch ihre Eltern, zumindest aber zahlreiche andere Erwachsene mit dabei waren – Schützenfeste, Feuerwehrfeste, Maifeste und Ähnliches. Heute feiern die Kids ganz überwiegend nur noch mit anderen Jugendlichen – und auch die trinken eher unreflektiert.

Migranten und Alkohol

Über eine Gruppe haben wir bisher noch nicht geschrieben: die Migranten. Hier gibt es beträchtliche Unterschiede im Konsum legaler und illegaler Drogen. Das belegt eine Studie des Kriminologischen Forschungsinstituts Niedersachsen von Prof. Christian Pfeiffer aus Hannover[11].

Auffallend ist zunächst, dass Jugendliche türkischer und arabischer/nordafrikanischer Herkunft unterschiedlich häufig Alkohol, Nikotin, Cannabis und harte Drogen zu sich nehmen. Hier dürften sich vor allem die in Bezug auf den Konsum von Drogen und Alkohol strengen religiösen und kulturellen Überzeugungen des Islam niederschlagen, heißt es in der Studie.

Fast 90 Prozent der türkischstämmigen Jugendlichen gaben an, dem Islam anzugehören. Demgegenüber ermittelte diese Untersuchung, dass gerade Jugendliche aus dem früheren Ostblock und aus Nordamerika überdurchschnittlich viel Alkohol trinken und Drogen nehmen. Man sollte dennoch nicht den voreiligen Schluss ziehen, dass Jugendliche mit einem muslimischen Hintergrund keine Probleme mit Drogen hätten. Der Islam verbietet zwar den Handel mit Drogen, er verbietet es auch, zu stehlen oder andere kriminelle Handlungen zu begehen. Wer aber mit offenen Augen zum Beispiel durch Städte wie Hamburg oder Berlin läuft, sieht schnell, in wessen Händen sich der Drogenhandel zu großen Teilen befindet.

Wenn man die Jugendkriminalitätsstatistiken liest, weiß man, was junge Menschen mit islamischem Hintergrund alles anstellen können. Sie sind auch nicht anders als ihre deutschen Altersgenossen. Vielleicht gehen die Kinder und Jugendlichen ohne Migrantenhintergrund, aber auch die Kinder aus Polen, dem früheren Ostblock und Nordamerika, einfach ehrlicher mit der Situation um. Vielleicht haben die Kinder und Jugendlichen aus einem islamischen Umfeld mehr Angst vor der Reaktion ihren Familien und des religiösen Umfelds, was sich natürlich auch auf ihre Antworten bei Umfragen niederschlägt.

Die Studie von Prof. Christian Pfeiffer macht weiter deutlich, dass Hauptschüler die höchsten Konsumwerte bei Nikotin, Cannabis und den harten Drogen aufweisen. Der Anteil an regelmäßig Alkohol konsumierenden Jugendlichen ist ebenfalls sehr hoch, wobei die Hauptschüler hier noch von den Realschülern übertroffen werden. Beim Alkohol allerdings gehen die Schüler der unterschiedlichen Schulformen alle gemeinsam im großen Hauptfeld durch das Ziel. Die deutschen Gymnasiasten und die Waldorfschüler unterscheiden sich in ihrem Konsum von Alkohol nicht sehr stark von den anderen Schulformen. Die Rate bei den deutschen Förderschülern liegt sogar noch unter der Quote der Gymnasiasten!

Von Vorurteilen über die Verknüpfung von steigendem Alkoholmissbrauch bei sinkendem Bildungsgrad sollten wir uns also schleunigst verabschieden.

Es ist fünf vor zwölf

Alle Untersuchungen, so unterschiedlich sie auch sind, machen eines deutlich: Viele unserer Kinder und Jugendlichen haben ein Problem mit Alkohol. Oder, wenn man es zynisch formuliert: Sie haben ein Problem ohne Alkohol.

Wir müssen unsere Kinder stark machen, dann können sie sich selber helfen. Jean de la Bruyere hat mal einen weisen Satz niedergeschrieben: „Die meisten Menschen benutzen ihre Jugend, um ihr Alter zu ruinieren." Das gilt wahrscheinlich für keine Gruppe mehr als für die Drogenabhängigen – und Alkohol zählt letztlich zu den Drogen.

Besorgniserregend ist auch die Aussage des Essener Biologen Dr. Axel Leibstein:

„Beginnt der Alkoholmissbrauch mit 25 Jahren, braucht es durchschnittlich 10 bis 12 Jahre, ehe es zu einer Anhängigkeit kommt. Beginnt der Missbrauch dagegen schon mit 15 Jahren, dauert der Übergang in eine Abhängigkeit im Mittel nur 5 bis 6 Monate."

Jugendalkoholismus ist ein komplexes Phänomen. Es gibt viele Gründe, warum schon junge Menschen immer wieder zur Flasche greifen. Es ist jedoch auch so, dass man oftmals vergeblich nach einleuchtenden Gründen für den massiven Alkoholmissbrauch sucht. Vielfach ist das auch darauf zurückzuführen, dass die Jugendlichen, besonders bei hochprozentigen Getränken, schlichtweg die Auswirkungen nicht einschätzen können und auch ihre Grenzen nicht kennen. Sie trinken sich also nicht absichtlich ins Koma, sondern landen zu ihrer eigenen Verwunderung überraschend schnell dort.

Dazu kommen Unbekümmertheit, Übermut und Imponiergehabe. Jugendliche denken im Allgemeinen nicht an Tod oder

Krankheit und dass beides auch sie in ihren jungen Jahren treffen kann. Es müssen immer wieder junge Menschen sterben oder gesundheitlich stark geschädigt werden, damit die Öffentlichkeit schlaglichtartig auf die Gefahren übermäßigen Trinkens aufmerksam wird und sie wahrnimmt. Oft bewerten Veranstalter von Festen und auch Händler, die mit Alkohol Geschäfte machen, ihren Profit höher als ihre moralische Verantwortung. Auch das ist natürlich nicht einfach, denn die Aushilfskraft im Festzelt betrachtet sich natürlich nicht als „Erzieherin der Nation". Auch bei ihr muss am Abend die Kasse stimmen. Manchmal ist es auch nur eine gewisse Gleichgültigkeit unter Erwachsenen, die Kinder zu Opfern werden lässt.

Die Zahlen sind erschreckend genug. Dahinter stecken – wie so oft – Einzelschicksale, die uns viel betroffener machen als nackte Tabellen. Andererseits machen erst die Statistiken deutlich, dass die „Generation Wodka" keine bedeutungslos kleine Randgruppe ist, sondern aus der Mitte der Gesellschaft kommt, in dieser Gesellschaft leidet und für diese Gesellschaft eine zunehmende Herausforderung und auch Gefahr darstellt.

Marek – Der Totschläger

Marek stampfte in seinen schweren Stiefeln durch den kleinen Garten einer Berliner Vorortsiedlung. Es flimmerte vor seinen Augen. Den ganzen Tag und auch die Nacht zuvor hatte er getrunken. Der Wodka war in Strömen geflossen, wie schon so viele Nächte und Tage zuvor.

Marek war sichtlich genervt. Seine Freundin Tanja stand vor dem Haus seines besten Kumpels und wollte Marek offensichtlich abholen. Das regte ihn fürchterlich auf. Alles, was nach Kontrolle oder Bevormundung roch oder auch nur ansatzweise so verstanden werden könnte, brachte ihn in Rage. Und seine Freundin war nicht allein. Moritz, ein entfernter Cousin, stand neben ihr, und beide ließen sich nicht abweisen, so sah es jedenfalls aus. Sein Kumpel Björn, ein untersetzter, stämmiger Typ, diskutierte mit den beiden.

Marek kochte innerlich. „Was haben die Alte und ihr bescheuerter Begleiter hier zu suchen?" Er stampfte einen Schritt weiter und explodierte fast. Hinter seinem Mädchen stand dieser kleine Bastard, ein Junge, vier Jahre alt, aus einer anderen Beziehung. Plötzlich ging die Pforte auf. Die drei standen bereits im Garten. Einige Schritte vor der Pforte blieb Marek stehen. Auf der anderen Seite der Straße bemerkte er das kleine Auto des Cousins, darin eine weitere Person. Wer darin saß, das konnte man aus der Entfernung schlecht erkennen, aber es war wohl Tanjas Mutter. Wer auch sonst. Die hatte ihn schon vom ersten Tag seiner neuen Beziehung an genervt.

Einen Moment zögerte Marek. Er holte eine Zigarette aus der Packung, die letzte, zündete sie an und warf das leere Päckchen in das kleine Gemüsebeet direkt neben ihm. Sollte er es den dreien mal so richtig zeigen? Schläge verdient hatten sie alle und er fühlte sich stark. Warum nervte seine Freundin schon wieder und was hatte ihr Kind hier zu suchen? Das ärgerte ihn sowieso, denn immer, wenn er ihr an die Wäsche wollte, war der Junge da. Der Zwerg stand in diesen Situationen buchstäblich zwischen ihnen und verhinderte das körperliche Vergnügen, das Marek als Mann so oft suchte.

Seine Freundin liebte ihn, da durfte er sich sicher sein. Schon etliche Male war ihm ihr gegenüber die Hand ausgerutscht. Ein blaues Auge, grünblaue Flecken am ganzen Körper waren die Folge. Was stellte sich die Alte auch so zickig an! Selbst schuld. Es gab Hunderte von Gründen, ihr zu zeigen, wer der Chef im Ring war.

Marek ist der Sohn russischer Eltern. Sein Geburtsort liegt rund 200 Kilometer östlich von Moskau entfernt. Seine Eltern hatten das Land kurz vor seinem zweiten Geburtstag verlassen. Erinnerungen an das weite Land hat er keine mehr. Er fühlt sich als Deutscher, wie seine Kumpels letztendlich auch. Die hatten mit der alten Heimat nichts am Hut. Beide Eltern fanden immer wieder nur für kurze Zeit einen Job, meistens sehr schlecht bezahlt. Das Geld war immer knapp. Von seinen Eltern hatte er nie etwas bekommen, außer Essen und Kleidung natürlich. Kuscheln und Schmusen? Fehlanzeige.

„Nichts kann Kinder mehr verderben, als wenn man ihnen das gibt, was sie sich selbst verdienen sollten", so lautete das Glaubensbekenntnis seines Vaters. Marek suchte und fand letztendlich seinen eigenen Weg. Und der war gepflastert mit Alkoholflaschen. Mit 11 Jahren trank er seinen ersten Schnaps und es wurde immer mehr. Sein Lieblingsgetränk war natürlich Wodka. Seine früheren Landsleute konnten stolz auf ihn sein: Selbst nach dem Konsum einer ganzen Flasche stand er noch wie ein Fels in der Brandung. Nur so richtig im Griff hatte er sich dann nicht mehr. Marek musste unwillkürlich lächeln. Die Zahl der blauen

Flecken auf den Körpern seiner bisherigen Freundinnen stand für die Anzahl der von ihm leer getrunkenen Flaschen – auf diesen Gedanken war er in diesem Augenblick fast ein bisschen stolz.

Das Grinsen verging ihm, als er plötzlich für Sekunden an seine Schulzeit dachte. Von Anfang an kam er durch seine schwachen Leistungen nicht mit und seine Klassenkameraden hängten ihn um Meilen ab. Er geriet schnell auf die schiefe Bahn. Er mutierte zwar nicht zum Intensivtäter, aber acht Vorstrafen für kleinere Vergehen – Schlägereien, Einbrüche und Gewaltdelikte – zierten bereits sein polizeiliches Führungszeugnis. Das war ihm nicht peinlich, er sah es im Gegenteil mit einer gewissen Genugtuung.

Lange Zeit glaubte Marek, diese Form des Lebens sei das einzig Wahre. Mit seinen 21 Jahren konnte er schon viel erzählen, aber manchmal plagten ihn auch Selbstzweifel. Doch die verschwanden auch schnell wieder. Er lebte also weiter in den Tag hinein und bezog Transferleistungen. Jeder Tag ähnelte dem Tag davor. Minute für Minute, Stunde für Stunde vergingen und die Tage gingen dahin, zumeist ohne Sinn, oft mit der Flasche in der Hand.

Auch jetzt schüttelte Marek seine Selbstzweifel schnell wieder ab. Was war nur los mit ihm? Hoffentlich hatte seine Freundin Geld dabei. Der Getränkevorrat neigte sich dem Ende entgegen. Er nahm einen letzten Schluck aus der jetzt leeren Flasche und eine seltsame Aggressivität ergriff Besitz von ihm. Er wurde von ihr immer wieder überrascht. Hinzu kam die Müdigkeit. Diese Mischung sorgte für einen Adrenalinstoß, der ihn sein Blut bis in die Fingerspitzen spüren ließ.

„Was willst du hier? Du kannst dein Geld hierlassen und dann verschwinden", herrschte er seine Freundin an.

Die anderen Typen beachtete er nicht. Der Kleine war sichtlich eingeschüchtert und kletterte auf den Arm seiner Mutter. Das gab Mareks Wut einen starken Impuls. Blitzschnell schnellte seine Faust vor und verfehlte das Auge seiner Freundin nur kapp. Die Hand schrammte an ihrer Schläfe entlang. Entsetzt fingen beide, seine Freundin und ihr Sohn, an zu weinen.

In diesem Moment stellte sich der Cousin zwischen die beiden Parteien. Er wollte die Situation mit Besonnenheit und Vernunft deeskalieren, doch er bewirkte das Gegenteil. Jetzt brachen bei Marek alle Dämme. Brutal schlug er noch einmal zu und traf dieses Mal Moritz mitten ins Gesicht. Der ging sofort zu Boden und krümmte sich vor Schmerzen. Beide Hände presste er vor sein Gesicht und versuchte, sich vor weiteren Attacken zu schützen. Marek machte mit den Füßen weiter. Bruchteile von Sekunden später trat er auf Moritz ein, trat und trat wie ein Besessener. Bevor sein Kumpel Björn Marek bremsen konnte, trafen einige brutale Fußtritte den Bauch des am Boden liegenden Opfers. Ein weiterer Tritt knallte an den Kopf des Cousins.

Der wehrte sich nicht mehr. Für einen Moment verlor er sogar die Besinnung. Tanja, Mareks Freundin, stellte ihren Sohn auf die eigenen Beine und schickte ihn schnell in Richtung Auto.

Marek hatte sich inzwischen abreagiert. Er beugte sich über das Opfer, das zwischenzeitlich versuchte, ohne Hilfe auf die Beine zu kommen. Plötzlich musste Moritz sich erbrechen. Es stand offensichtlich nicht gut um ihn.

Tanja war leichenblass. Überraschenderweise tätschelte sie Mareks Wange und sagte: „Wir müssen Moritz ins Krankenhaus bringen. Ich kenne ihn gut, es sieht wirklich schlecht aus."

Moritz brachte kein Wort über seine Lippen. Er konnte nur sehr schlecht stehen und presste beide Hände auf seinen Bauch. Es sah aus, als schüttelten ihn schwere Krämpfe.

Marek und seine Freundin funktionierten nun auf einmal wie ein perfektes Team. Sie verzieh ihrem Freund immer wieder. Wie oft hatte sie schon Schläge einstecken müssen, aber die Liste ihrer Entschuldigungen für die erlittenen Erniedrigungen wurde immer länger. „Wenn er nicht betrunken ist, kann er ganz lieb sein."

Das war ihr Lieblingssatz. Aber Marek war fast immer betrunken und sie wusste das auch. Psychologen nennen das Phänomen Kodependenz – eine geradezu krankhafte gegenseitige Abhängigkeit, die auch durch zugefügtes Leid nicht kuriert wird.

Die beiden nahmen jetzt den Cousin in ihre Mitte und schleppten ihn in Richtung Auto. Mareks Kumpel, der ebenfalls betrunken war, stolperte zurück in Haus. Er wollte mit der aus dem Ruder gelaufenen Sache nichts zu tun haben.

Tanjas Mutter dagegen stieg aus und half jetzt mit. Ihre Lebensphilosophie lautete: „Wer A sagt, muss auch B sagen." Auch sie wurde regelmäßig verprügelt, und zwar von Tanjas Vater. Sie nahm ihn danach ebenfalls immer sofort in Schutz. Wie ihre Tochter suchte auch sie die Schuld immer bei sich selbst und nicht bei ihrem versoffenen Mann.

Die Familienmitglieder quetschten sich in das Auto und Marek fuhr ungeachtet seines dramatischen Promillewertes los. Wenn Marek Auto fuhr, dann nie als Beifahrer – und das erst recht nicht, wenn eine Frau ans Steuer wollte. Dort hatten Frauen nichts zu suchen, da ließ er weder nüchtern noch im Suff mit sich reden. Schon nach wenigen Hundert Metern fing der verletzte Moritz an, schnell und flach zu atmen. Es hörte sich an, als bekäme er kaum Luft. Bis zur Klinik waren es noch einige Kilometer. Auf die Idee, einen Krankenwagen zu rufen, kam in dieser Situation keiner. Stattdessen drückte Marek aufs Gas und überfuhr bei Rot eine Ampel, und das auch noch mit viel zu hoher Geschwindigkeit. Den Blitz aus dem grauen Kasten bekam er nicht mit, nur seine Freundin. Marek fühlte sich wach, ja topfit.

Der Zustand von Moritz wurde immer schlechter. Speichel lief ihm aus dem Mund und tropfte auf seine Hose. Plötzlich atmete er ganz scharf ein – und danach entwich jegliche Anspannung aus seinem Körper. Kein Lebenszeichen mehr. Plötzlich schauten sich alle im Auto beklommen an. Der Kleine wimmerte, alle anderen waren ruhig. Moritz rührte sich nicht mehr. Keiner sprach es aus, aber alle wussten es: Moritz war tot.

Am Krankenhaus angekommen luden Sanitäter Moritz aus und legten ihn auf eine Trage. Sie rannten durch die Haupteingangstür und versuchten noch in der Lobby, ihn wiederzubeleben. Vergebens. Moritz' Herz war nicht mehr bereit, die Arbeit noch einmal aufzunehmen.

Der Rest der Familie saß in der Zwischenzeit schon wieder im Auto und fuhr nach Hause, als sei nichts gewesen. Dort angekommen wusch Tanja sofort die Kleidung von Marek, um mögliche Spuren zu verwischen. Alle waren fürchterlich nervös. Tanja goss sich ein Glas Wein ein und leerte es in einem Zug.

Einige Stunden später stand die Polizei in der Tür und nahm Marek fest. Sein Freund hatte wohl geplaudert. Die Kleidung aus der Waschmaschine wurde beschlagnahmt, eingepackt und mitgenommen.

Tanja versuchte, ihren Freund zu schützen. „Moritz, mein Cousin, hat ihn angegriffen, es war Notwehr."

Dieses Mal steckte Marek aber wirklich in Schwierigkeiten. Alles Leugnen nutzte nichts. Auch Tanjas Mutter, die ja mit im Auto gesessen hatte, beschuldigte das tote Opfer, aber selbst das half nichts. Der Kumpel, der alles mit angesehen hatte, packte weiter aus, und das richtig. Er befürchtete eine Anklage wegen unterlassener Hilfeleistung, und seine Zeugenaussage konnte ihm schließlich helfen, glimpflich davonzukommen. Hinzu kam zum Nachteil von Marek einige Tage später das Foto aus dem Blitzer mit dem betrunkenen Täter am Steuer.

Marek wurde zu 9 Jahren Gefängnis verurteilt. Tanja und die zukünftige Schwiegermutter halten weiter zu ihm, obwohl der Cousin Tanja eigentlich nur hatte beschützen wollen. Beide sagen heute noch. „Wenn Moritz sich nicht eingemischt hätte, dann wäre er nicht gestorben, und Marek könnte sein Leben in Freiheit genießen."

Sie geben unbeirrt dem Opfer die Schuld an der Eskalation.

Tanja will ihren Marek sogar im Knast heiraten. Die Erlaubnis dazu hat sie bereits in ihrer Tasche. „Wenn er Freigang hat, werden wir dann richtig feiern."

Der Wodka steht bereits im Kühlschrank.

Jugendliche Straftäter
unter Alkoholeinfluss

Meldungen über erschreckende Gewalttaten empfängt der durchschnittliche Medienkonsument mehr als genug. Hier ein Raubüberfall, da eine nächtliche Schlägerei, dort ein verprügelter Busfahrer. Für viele Leser und Zuschauer bleibt aber unklar, ob diese Phänomene zunehmen oder ob sie sich nur angesichts einer schnelleren und erweiterten Berichterstattung stärker in unser Bewusstsein arbeiten. Sind die Zeitungen voll von diesen Geschichten, weil uns dabei eine Gänsehaut über den Rücken läuft? Sorgen solche Meldungen für den nötigen Adrenalinstoß, weil unser Leben ansonsten monoton verläuft? Jedenfalls sind die Zeitungen voll mit Schauergeschichten über Gewalt, auch oft in Verbindung mit Alkoholexzessen.

Bevor wir uns der unheiligen Allianz von Alkohol und Gewalt zuwenden, widmen wir uns erst einmal der Grundsatzfrage, warum Jugendliche straffällig werden.

In Duisburg gibt es eine interessante Langzeituntersuchung, die in dieser Form wahrscheinlich einmalig ist. Mit Mitteln der Deutschen Forschungsgemeinschaft (DFG) wurden seit 2002 dieselben 3.400 Duisburgerinnen und Duisburger immer wieder aufs Neue zwischen ihrem 13. und 19. Lebensjahr befragt. Die Untersuchung soll bis zum 30. Lebensjahr fortgesetzt werden. Im Mittelpunkt stehen die Fragen, wer wann straffällig geworden ist, aus welchem Milieu der Betreffende stammt und welche Lebensgewohnheiten er hat. Die jungen Leute werden dazu unmittelbar nach von ihnen begangenen Straftaten befragt. Taten übrigens, die zum Teil nie aktenkundig wurden, weil niemand sie angezeigt hat. Das Dunkelfeld ist hier wohl erheblich größer als die Polizeistatistik, das scheint sicher.

Ein Wissenschaftsteam um Prof. Dr. Klaus Boers, Kriminologe an der Universität Münster, und den Soziologen Prof. Dr. Jost Reinecke von der Universität Bielefeld hat nach 15 Straftaten gefragt, vom Ladendiebstahl bis zum Raub. 6 von 10 der befragten Jugendlichen haben bis zu ihrem 17. Lebensjahr mindestens einmal eine dieser Taten begangen. Gefragt wurde auch nach Delikten wie Raub oder Körperverletzung. Immerhin antwortete noch jeder Dritte, er sei auch hier auffällig geworden.

Dass Jugendliche zumindest einmal in ihrem Leben straffällig werden, ist nicht außergewöhnlich. „Es geht dabei um das Ausprobieren von Grenzen, Normen und Regeln", so Prof. Reinecke. Im Altersverlauf geht die Kriminalität deshalb bei allen Deliktarten nach einem steilen Anstieg gegen Ende des Kindesalters schon im Jugendalter meist wieder deutlich zurück.

Eine Überraschung gab es bei den Untersuchungen aber doch: Die Kinder werden im Hinblick auf kriminelle Aktivitäten immer früher aktiv und hören in der Regel auch immer früher wieder damit auf. Zumindest, wenn sie nicht generell auf die schiefe Bahn geraten. Der Großteil dieser jungen Menschen begeht nur eine oder zwei Taten. Bei den allerwenigsten kommt es noch zu einer dritten Tat, danach werden die kriminellen Aktivitäten – statistisch – sehr selten.

Warum ist das so? Oft werden bei den auffälligen Kindern die Schulen, Freundeskreise oder auch Familien aktiv und bringen sie wieder in die richtigen Bahnen zurück. Das Ganze ist eine Art Selbstreinigungsprozess.

Problematisch sind natürlich die Jugendlichen mit fünf oder mehr Gewaltstraftaten im Jahr. Hier kann man schon von Intensivtätern sprechen. Sie machen 5 Prozent der befragten Jugendlichen aus. Diese vergleichsweise kleine Gruppe begeht mehr als die Hälfte aller Delikte und vor allem den größten Teil der Gewalttaten in ihrer Altersklasse.

Man sieht also: Die Schere klafft sehr schnell und weit auseinander. Hier eine breite Gruppe, die es nach zwei oder drei Straftaten mit der Kriminalität bewenden lässt. Dort eine kleine

Gruppe, die immer stärker in die Spirale von Eigentums- und Gewaltdelikten gerät. Aber auch ein Teil dieser Intensivtäter bekommt gerade noch die Kurve. Maßnahmen der Justiz und vor allem auch pädagogische Projekte scheinen zumindest einen Teil dieser jungen Leute zu erreichen.

Alkohol und Kriminalität

Welche Rolle spielt nun der Alkohol bei der Jugendkriminalität? Oder anders herum gefragt: Ist Alkohol der Auslöser dieser kriminellen Aktivitäten?

Zunächst einmal haben die Wissenschaftler herausgefunden, dass der Alkoholkonsum in dieser Gruppe insgesamt sehr hoch ist und stetig steigt. In sehr viel stärkerem Maß übrigens als die Delinquenzentwicklung. Ein Viertel der befragten Jugendlichen im 17. Lebensjahr gab an, mindestens einmal im Monat betrunken zu sein, wenn nicht öfter. Und hier können die Wissenschaftler auch den Zusammenhang belegen, dass der intensive Alkoholkonsum mit einer deutlich erhöhten Anzahl von Gewalttaten zusammenhängt. Dies läuft allerdings nur bis zur Mitte des Jugendalters so, heißt es in der Untersuchung. Die Forscher haben herausgefunden, dass schon mit dem 15. Lebensjahr der Anteil der Gewalttäter unter den Intensivkonsumenten von Alkohol zurückgeht.

Das lässt sich wohl ganz einfach so erklären: Je älter die Jugendlichen, desto besser können sie mit dem Alkohol und seinen Folgen umgehen. Sie haben sich eher im Griff. Das gilt aber nur für den Alkoholkonsum in Verbindung mit Gewaltkriminalität.

Eine weitere interessante Beobachtung: Die Annahme, dass vor allem jugendliche Migranten kriminell werden, ließ sich nicht pauschal nachweisen. Es geht hier immer noch vor allem um die Gewaltkriminalität. Bei anderen Delikten sind Migranten ohnehin weniger auffällig. Die Wissenschaftler fanden etwas heraus, was wir schon in unseren vorherigen Büchern deutlich gemacht haben:

*Eine erhöhte Gewaltbereitschaft findet sich meist unter den
sozial schwächeren Jugendlichen, die weniger Bildung haben
und aus benachteiligten Wohngebieten stammen, aus sozialen
Ghettos.*

Wir haben in Deutschland gar nicht vorrangig ein Migranten-
problem, wie es uns Autoren wie der ehemalige Berliner SPD-
Senator Thilo Sarrazin weismachen wollen. Nein, wir haben in
Deutschland vor allem ein Bildungsproblem. Sogenannte bio-
deutsche Jugendliche, die aus benachteiligten Familien stammen,
haben ganz ähnliche Probleme wie ihre Altersgenossen mit Migrantenhintergrund. Beide Gruppen haben zum Beispiel sprach-
liche Defizite und versuchen diese dann häufig mit Gewalt zu
kompensieren.

Es gibt noch weitere interessante Beobachtungen aus dem Mi-
grantenumfeld, vor allem bei Kindern aus dem islamischen Kul-
turkreis. Wir haben Jugendliche in einem Berliner Boxstudio zu
ihrem Alkoholkonsum befragt. Die jungen Leute kommen aus
den unterschiedlichsten Kulturkreisen. Alle Befragten mit islamischem Hintergrund leugneten, Alkohol zu trinken oder Drogen
zu nehmen. Ihre deutschen Freunde erzählten später, mit welchen Problemen diese Teenager zu Hause in ihren Familien zu
kämpfen hätten. Einer der Deutschen brachte es auf den Punkt:
„Die stehen so unter Druck; die würden niemals zugeben, dass
sie Alkohol trinken, Drogen nehmen oder kriminelle Handlungen begehen. Die Angst vor ihrer Familie ist einfach zu groß."

*Die Behörden registrieren immer mehr Straftaten unter Al-
koholeinfluss. Das belegen Untersuchungen der vergangenen
Jahre. Besonders auffällig ist dabei der hohe Täteranteil von
Heranwachsenden zwischen 18 und 21 Jahren. Aber auch die
Altersgruppe von 14 bis 18 Jahren ist sehr auffällig.*

Die Politik versucht bisher vergeblich, gegenzusteuern.

Picken wir uns einmal ein Bundesland heraus: Bayern, wo die
Welt nach weitläufiger Meinung eigentlich noch in Ordnung ist.
Die Zahlen dort sprechen eine eindeutig andere Sprache. Rund
jeder vierte heranwachsende Straftäter war zum Beispiel 2007

zur Tatzeit alkoholisiert. Bei den Gewalttätern war es sogar jeder zweite. Die Zahl der heranwachsenden Gewalttäter hat sich in den letzten 10 Jahren verdoppelt.

Obwohl die Zahlen bei Jugendlichen nicht so dramatisch sind, weisen sie in dieselbe Richtung. Insgesamt spielte 2007 bei 14,8 Prozent der Straftäter Alkohol eine Rolle, 1996 waren es noch 8,3 Prozent. Vergleichen wir diese Zahlen einmal mit denen, die zwei Jahre später vorgelegt wurden, sieht es noch einmal erheblich schlimmer aus. Überall gehen registrierte Straftaten zurück, auch in Bayern, aber die Vergehen, die unter Alkoholeinfluss begangen wurden, legten auch dort kräftig zu. Im Jahre 2009 wurden im Freistaat 16 Prozent aller Straftaten unter Alkoholeinfluss begangen. Mit rund 18 Prozent stand bereits jeder 6. Jugendliche während seiner Tat unter Alkoholeinfluss.

Noch alarmierender ist die Situation bei den heranwachsenden Tatverdächtigen: Mehr als 30 Prozent in dieser Altersgruppe hatten zur Tatzeit Alkohol im Blut.

Alkohol, das belegen diese Zahlen eindeutig, ist der Aggressionsverstärker Nummer 1.

Die Fakten sehen übrigens in anderen Bundesländern nicht viel besser aus. Wenn man dann noch sieht, dass die Zahl der Tatverdächtigen bei Kindern und Heranwachsenden insgesamt deutlich zurückgeht, wird deutlich, wie dramatisch das Problem des Alkoholmissbrauchs sich auswirkt.

Auch die Deutsche Hauptstelle für Suchtfragen spricht davon, dass das Risiko, aufgrund von Alkoholeinfluss Gewalttäter oder auch Gewaltopfer (!) zu werden, sehr groß ist. 3 von 10 aufgeklärten Gewaltdelikten wie schwere Körperverletzung, Totschlag oder Vergewaltigung werden unter Alkoholeinfluss verübt. 2008 waren das über 52.000 Fälle. Opfer sind in erster Linie Frauen und Kinder innerhalb der Familie. Jugendliche Gewalt sowie Gewalt in der Öffentlichkeit durch den Konsum von zu viel Alkohol sind ebenfalls sehr häufig. Trotzdem wird der Zusammenhang von Alkoholkonsum und Gewaltbereitschaft immer noch bagatellisiert.

Die polizeiliche Kriminalstatistik 2008 offenbart, dass fast 35 Prozent der schweren und gefährlichen Körperverletzungs-delikte unter dem Einfluss von Alkohol geschahen. Meist geht die Gewalt von männlichen Familienmitgliedern aus, aber das sind nicht immer nur die Väter. In annähernd 63 Prozent der durch sexuelle, sehr schwere körperliche und psychische Gewalt geprägten Paarbeziehungen ist Alkohol mit im Spiel. In Deutschland wachsen rund 2,7 Millionen Kinder unter 18 Jahren in sogenannten suchtbelasteten Familien auf. Das ist fast jedes fünfte Kind!

Laut einer Schülerbefragung der WHO[12] neigen Jugendliche im Alter von 13 bis 17 Jahren mit problematischem Alkoholkon-sum überproportional verstärkt zu Gewalttaten. Bei Jungen ist rund ein Drittel der verübten körperlichen Gewalt durch Alkohol verursacht, bei den Mädchen sind es sogar zwei Drittel. Längsschnittstudien konnten zudem belegen, dass der Konsum von Alkohol im frühen Jugendalter mit späterem Gewaltver-halten einhergeht. Fast die Hälfte aller Verstöße im öffentlichen Raum, also Ruhestörung oder Vandalismus, geschehen im be-trunkenen Zustand.

Man muss an dieser Stelle natürlich fragen: Was ist Ursache und was ist Wirkung? Sind die Gewalttätigen eben die Leute, die auch gern trinken – oder sind es die Trinker, die gern auch ge-walttätig werden? Die Beobachtung spricht eher für die zweite These. Aufgrund der eingeschränkten Selbstkontrolle reagieren alkoholisierte Menschen in Konfrontationen viel eher gewalttätig als Menschen, die keinen Alkohol getrunken haben.

Trotz dieser besorgniserregenden Befunde werden die sozia-len Folgen des Alkoholkonsums in Form von Gewalthandlungen immer noch viel zu wenig in der Öffentlichkeit und der Wissen-schaft thematisiert. Der Hemmschuh ist dabei nicht einmal die Alkoholindustrie, die Alkohol-Lobby, die eine große Macht in Deutschland hat. Auch die Tabakindustrie hatte ja alles versucht, um das Rauchverbot in öffentlichen Räumen, Büros und Kneipen zu verhindern, doch das hat bekanntermaßen nichts genützt.

Alkohol im Alltag

Beim Alkohol ist die Situation noch einmal anders als beim Rauchen. Wer kann sich schon eine Feier ohne Alkohol vorstellen? Es wird sich gegenseitig zugeprostet, genossen, getrunken und gesoffen, von der Taufe über die Hochzeit, den runden Geburtstag bis zur Beerdigung. Darauf möchte keiner verzichten. Zunächst einmal scheint das auch nicht erforderlich, denn die Mehrheit der Menschen schafft es ja durchaus, mit dem Alkohol einigermaßen vernünftig umzugehen. Aber es gibt eben auch die, die das nicht packen.

In über 80 Prozent aller Haushalte in Deutschland gibt es Alkoholvorräte. Und die stehen zumeist in Schränken mit einer Glaswand, damit man sie in ihrer dekorativen Funktion sehen kann. Millionen Kinder blicken Tag für Tag darauf und wachsen damit auf.

Kinder in Großstädten sehen zusätzlich oft Alkoholiker, die tagsüber im öffentlichen Nahverkehr und auf den Straßen mit Bier- oder Schnapsflaschen herumlaufen. Es wird auf öffentlichen Plätzen Alkohol getrunken, in Parks, auf Spielplätzen, ja eigentlich überall. Wir sehen Alkoholwerbung im Fernsehen, im Kino, in den Zeitungen, auf Plakaten und sonstigen Werbeflächen.

Unsere Kinder kommen also täglich mit dem Thema Alkohol in Kontakt. Wir verführen sie damit und lassen sie dann damit allein. Wir fixen unsere Kinder letztendlich an und wundern uns, wenn sie süchtig werden.

Stellen wir uns einmal folgendes Szenario vor: In unserer Vitrine an einem sehr prominenten Platz in der Wohnung liegen alle möglichen harten Drogen, den Kindern frei zur Verfügung, allerdings nur zum Anschauen. Bei dieser Vorstellung wird wohl fast jeder Leser entsetzt aufschreien. Aber durch Alkohol sterben unzählige Menschen mehr als durch harte Drogen. Das ist eine Tatsache, vor der wir nicht länger die Augen verschließen dürfen.

„Komasaufen darf sich nicht ausweiten!"

Samuel Kuttler kennt die Lebenssituation von Kindern und Jugendlichen aus prekären Verhältnissen. Seit 2008 arbeitet er als Sozialpädagoge im Kinder- und Jugendwerk „Arche". Zum Zeitpunkt des nachfolgenden Interviews war er Leiter des Bereichs Offene Jugendarbeit in der Arche in Berlin-Hellersdorf. Kuttler, Jahrgang 1979, hat Theologie und Soziale Arbeit/ Sozialpädagogik studiert. In einer bestimmten Gesellschaftsschicht ist das Komasaufen für Minderjährige ein Alltagsphänomen, so seine Beobachtung.

Was sind das für Jugendliche, die in die Arche kommen?

Unsere Einrichtung besuchen Jugendliche, die im Umfeld der Arche, also in Berlin-Hellersdorf und Berlin-Marzahn, zu Hause sind. Aufgrund der Sozialstruktur, insbesondere der unmittelbar umliegenden Wohnquartiere, sind das fast ausschließlich Jugendliche aus bildungsfernen Haushalten, die Sozialleistungen beziehen. Die Jugendlichen sind so gut wie ausnahmslos deutscher Herkunft, da in unserem Umfeld kaum Familien mit Migrationshintergrund wohnen. Die jungen Leute kommen in die Arche, um hier nachmittags nach der Schule ihre Freizeit zu verbringen, Freunde zu treffen und an sportlichen oder kreativen Angeboten im Rahmen unserer Offenen Jugendarbeit teilzunehmen. Vielen von ihnen liegt auch viel daran, mit pädagogischen Mitarbeitern über aktuelle Alltagsprobleme (zum Beispiel familiäre Konflikte) reden zu können, Hilfe bei den Hausaufgaben zu erhalten oder aber gegen Ende der Schulzeit Beratung und Unterstützung für den Übergang ins Berufsleben in Anspruch zu nehmen.

Wie alt sind die Mädchen und Jungen?

Jugendliche, mit denen wir im Jugendbereich der Arche arbeiten, sind in aller Regel zwischen 13 und 18 Jahren. Ausnahmen sind einzelne 11- bis 12-Jährige als Teil älterer Cliquen, die unsere Einrichtung besuchen. Außerdem auch manche, die bereits volljährig sind, sich langsam aus unserer Jugendarbeit herauslösen und selbstständig werden.

Was für Probleme haben diese Jugendlichen in erster Linie?

Fast alle unserer Jugendlichen stammen aus sozial benachteiligten Lebenszusammenhängen. Sie wachsen in Familien auf, in denen sich vielfältige Probleme gegenseitig bedingen und überlagern: das sind Erwerbslosigkeit, instabile Familiensettings, oft psychische Erkrankungen, konfliktbeladenes Zusammenleben, häusliche Gewalt und nicht zuletzt Suchtprobleme.

Auf den Punkt gebracht bedeutet das: Viele unserer Jugendlichen haben von Haus aus deutlich erschwerte Startbedingungen für eine gesunde psychosoziale Entwicklung. Sie geraten in der Schule früh ins Hintertreffen, haben schlechte Noten, hohe Fehlstundenzahlen bis hin zur Schulabstinenz, und entwickeln sehr oft Auffälligkeiten auf psychischer und Verhaltensebene, wie emotionale Labilität, mangelnde Selbstkontrolle, Aggressionsstau. Nicht wenige machen schon früh Bekanntschaft mit der Polizei. Die Ursachen sind unterschiedlich: Sachbeschädigung, Diebstahl, Körperverletzung.

Das größte Grundproblem unserer Jugendlichen erscheint mir die erwartungslose, passive bzw. pessimistische Grundeinstellung hinsichtlich ihrer persönlichen Entwicklungs- und Zukunftsmöglichkeiten. Gerade in dieser Hinsicht färbt die Mentalität ihres unmittelbaren Lebensumfeldes doch sehr stark auf sie ab. Bewusst oder unbewusst stellen sich viele nicht selten Fragen wie: „Meine Eltern stecken schon ewig in der Warteschleife und kriegen keinen anständigen Job – warum sollte es mir besser ergehen?", oder: „Meine Freunde hängen ab, chillen, leben in den Tag hinein – warum sollte ich mich übertrieben anstrengen, um in der Schule groß was zu reißen? Es garantiert mir ja keiner, dass ich später mal wirklich was davon habe!"

Spielen Alkohol und andere Drogen im Leben dieser jungen Menschen eine Rolle?

Ja, bei den allermeisten Jugendlichen, mit denen wir arbeiten, ist das der Fall. Alkoholkonsum und Rauchen sind dabei am stärksten verbreitet und werden weitgehend als selbstverständlich betrachtet. Auf gesetzliche Altersgrenzen wird dabei kaum Rücksicht genommen. Eltern unternehmen meist reichlich wenig, wenn ihre 13- oder 14-jährigen Teenager bereits zur Flasche und/ oder zum Glimmstängel greifen.

Was andere Drogen angeht, spielt bei unseren Jugendlichen vor allem Cannabis eine Rolle. Das „Kiffen" probieren viele als junge Teenager neugierig erstmals aus, manche bleiben dann dabei und „gönnen" sich das regelmäßig. In unserer Offenen Jugendarbeit haben wir nicht selten auch mit Jugendlichen zu tun, bei denen sich bereits Abhängigkeiten entwickelt haben. Andere, härtere Drogen sind bei den Jugendlichen, die uns derzeit besuchen, eher die Ausnahme.

Ist die Gefahr gegeben, dass viele der Kids von ihren Freunden zum Trinken verführt werden?

Nach meiner Einschätzung ist der Einfluss von Freunden und Cliquen entscheidend. Damit fängt es meistens an. Das Gefühl von Zugehörigkeit, die Akzeptanz der Gleichaltrigen hat für Jugendliche einen extrem hohen Stellenwert. Keiner will am Rand stehen, fast jeder will dazugehören und macht mit, wenn unter Gleichaltrigen getrunken wird. Ältere Jugendliche achten nur selten darauf, dass jüngere maßvoll trinken. Im Gegenteil: Das eigentlich Spannende besteht ja gerade darin zu testen, wie viel der Einzelne so verträgt.

Ein anschauliches aktuelles Beispiel aus unserem Alltag in der Offenen Jugendarbeit: Erst vor Kurzem hat mir ein 11-Jähriger im Gespräch detailliert beschrieben, wie ältere Jugendliche (14- bis

15-Jährige) ihn beim Klauen von hochprozentigem Alkohol in Supermärkten „strategisch" einsetzen. Der Hintergedanke: Er wirkt äußerlich unverdächtig und ist zudem – für den Fall, dass doch mal was schiefgeht – noch nicht strafmündig. Dass er am Konsum der „Beute" hinterher mitbeteiligt ist, betrachtet er als völlig selbstverständlich.

Warum trinken Mädchen und Jungs Alkohol?

Für viele der Jugendlichen, mit denen wir arbeiten, gilt Alkoholkonsum als eine Art Standard-Freizeitbeschäftigung. Passend dazu lautet die sicher mit Abstand häufigste Antwort auf die Frage: „Was machst du am Wochenende?" – „Saufen!" In den meisten Fällen ist Alkohol dabei Teil eines spaßigen Gruppenerlebnisses. Zum „Partymachen" gehört eben selbstverständlich auch das Trinken dazu. Damit das Ganze nicht zu sehr ins Geld geht, feiern unsere Jugendlichen meist zu Hause. Nicht wenige nutzen den Alkoholkonsum auf solchen „Homepartys" dabei als bewusst gewähltes Mittel, um sich für sexuelle Aktivitäten „locker zu machen".

Daneben kennen wir aus unserer Arbeit Jugendliche, die den regelmäßigen Konsum von Alkohol – bewusst oder unbewusst – als Problembewältigungsstrategie bzw. Realitätsflucht nutzen. Das bedeutet nicht einmaliges „Frustsaufen", um vielleicht den gerade aktuellen Liebeskummer zu vergessen. Häufiger stehen erhebliche Dauerbelastungen im unmittelbaren Lebensumfeld der Betroffenen im Hintergrund, zum Beispiel gravierende familiäre Konflikte und daraus resultierende Ängste und Überforderungen oder fehlende persönliche Lebensperspektiven.

Warum ausgerechnet Alkohol und nicht andere Drogen? Alkohol ist vor allem billig und überall verfügbar; außerdem beliebt und akzeptiert, in der richtigen Mischung sogar nicht nur „wirksam", sondern auch ein geschmackliches Erlebnis.

Kennen die Kids ihre Grenzen?

Teenager befinden sich ja naturgemäß in einer Lebensphase, in der gerade das Austesten von Grenzen eine wesentliche Entwicklungsaufgabe darstellt. So gesehen ist es verständlich und in einem gewissen Sinne sogar normal, dass Jugendliche ihre Grenzen abchecken – auch im Hinblick auf den Alkoholkonsum.

Allerdings: Manche Rahmenbedingungen, unter denen Jugendliche heutzutage Alkohol konsumieren, laden förmlich dazu ein, weit über die eigenen Grenzen hinauszuschießen. Die sogenannten „Flatrate-Partys" sind gerade in dieser Hinsicht definitiv höchst problematisch. Die bereits angesprochenen „Homepartys" laufen im Prinzip oft nach einem ganz ähnlichen Schema ab. Es wird getrunken, was da ist, und so viel, wie geht. Gesetzlich vorgesehene Altersgrenzen spielen in diesem privaten Kontext sowieso keine Rolle.

Aus unserer Arbeit kennen wir 13- bis 15-Jährige, die, teilweise bereits wiederholt, volltrunken von der Polizei auf der Straße aufgegriffen worden sind. Das beschränkt sich übrigens nicht nur auf männliche Jugendliche, sondern gilt auch für Mädchen.

Statistiken belegen, dass aktuell weitaus mehr Jugendliche im stark alkoholisierten Zustand im Krankenhaus landen als noch vor einigen Jahren[13]. Aus meiner Sicht ein deutliches Indiz dafür, dass zu viele Jugendliche ihre Grenzen eben nicht kennen bzw. berücksichtigen.

Was sind die Folgen des Alkoholkonsums?

Jugendlichen ist oft zu wenig bewusst, dass übermäßiger Alkoholkonsum ihren noch in der Entwicklung befindlichen Körper erheblich stärker schädigt als im Erwachsenenalter. Sie machen sich so gut wie keine Gedanken über gesundheitliche Langzeitfolgen.

Neben dieser gesundheitlichen Komponente beobachten wir immer wieder, dass erheblicher Alkoholkonsum von Jugendlichen oft mit Eskalationen und Gewaltausbrüchen bis hin zu Schlägereien in Verbindung steht. Im harmlosesten Fall kommt der eine oder andere Jugendliche nach dem Wochenende mit buchstäblich einem „blauem Auge" davon und in unsere Einrichtung. Nicht wenige unserer männlichen Jugendlichen sind bereits wiederholt unter Alkoholeinfluss mit dem Gesetz in Konflikt gekommen. Mit Sachbeschädigung und Körperverletzung haben leider viele unserer jungen Besucher ebenfalls schon einschneidende Erfahrungen gemacht.

Als weitere Folgeerscheinung übermäßigen Alkoholkonsums von Jugendlichen erleben wir Fälle von ungewollten Teenagerschwangerschaften.

Einzelne Jugendliche entwickeln in ihrem Alkoholkonsum Gewohnheiten, die in puncto Menge und Regelmäßigkeit bereits die Tendenz zur Abhängigkeit erkennen lassen. Solche Fälle stehen nach meiner Beobachtung immer im Zusammenhang mit stark belastenden häuslichen Lebenszusammenhängen und falschen Bewältigungsstrategien, eben in Form von Verdrängung durch Alkohol.

Was sagt ein Pädagoge den Kindern, die auffällig viel Alkohol konsumieren?

Persönlich halte ich wenig davon, Jugendlichen gegenüber den Alkoholkonsum pauschal zu verteufeln. Vielmehr liegt mir im Rahmen unserer Arbeit daran, Jugendlichen zu einem ausgewogenen Umgang mit Alkohol zu verhelfen. „Kenn dein Limit!" – so lautet ja der bekannte Slogan der Präventionskampagne der Bundeszentrale für gesundheitliche Aufklärung – sehe ich als absolut hilfreiches Motto. Das versuchen wir unseren Jugendlichen zu vermitteln. In erster Linie passiert das in persönlichen Gesprächen. Da weisen wir dann durchaus auch auf gesundheitliche Risiken und gesetzliche Altersgrenzen hin oder thematisieren Probleme, die für Einzelne entstanden sind, weil sie unter Alkoholeinfluss Sachen angestellt haben, die sie im Nachhinein bereuen.

Das sind selten Gespräche, die sich allein auf den Umgang mit Alkohol beschränken. Oft kommt dabei auch manches andere an

Hintergründen zur Lebenssituation der Jugendlichen zur Sprache; in der Regel familiäre Probleme, Beziehungskonflikte, schulische Frustration oder auch Identitätsfragen. Nur durch Betrachtung der Gesamtsituation lässt sich mit Jugendlichen effektiv an Strategien zum Umgang mit Alkohol arbeiten.

Außerdem gilt für die Angebote unserer Offenen Jugendarbeit das Prinzip „Verzicht auf Alkohol" – sprich, in der Arche gibt es keinen Alkohol. Damit wollen wir einerseits die Jüngeren im Rahmen unserer Möglichkeiten davor schützen, dass sie zu früh mit Alkohol in Berührung kommen. Zudem sollen unsere Jugendlichen in der Arche die hilfreiche Erfahrung machen: Man kann auch ohne Alkohol Spaß haben.

Nun sagen viele Leute: „Getrunken haben Jugendliche schon immer. Das legt sich auch wieder." Ist das so, oder ist heute etwas anders als früher?

Diese Aussage höre ich in der Tat häufiger. Allerdings: Aus der Erfahrung unserer praktischen Arbeit und dem, was verschiedene aktuelle Studien zum Alkoholkonsum Jugendlicher aufzeigen, kann ich definitiv sagen: Es gibt Dinge im Trinkverhalten von Jugendlichen, die sich in den letzten Jahren deutlich verändert haben. Insgesamt sind es zwar nicht unbedingt mehr Jugendliche, die heute große Mengen Alkohol konsumieren. Es gibt allerdings eine große Gruppe von Jugendlichen, die exzessiver und vorsätzlicher trinkt als je zuvor. Der Rauschzustand ist schneller erreicht, weil häufiger Hochprozentiges im Spiel ist. Jugendliche merken oftmals kaum, wie schnell ihr Pegel steigt. Mädchen sind am Trinken umfangreicher aktiv beteiligt, seit Alkopops und andere Mischgetränke dem Alkoholkonsum eine neue geschmackliche Note verliehen haben. Gerade hier zeigen sich ganz offensichtlich die Auswirkungen von aufwendiger, aber effektiver Imagewerbung von Alkoholherstellern.

Was ich zudem als Entwicklung im Alkoholkonsum von Jugendlichen feststelle – zumindest gilt das für Jugendliche im sozialen Milieu unserer Arbeit –, ist, dass Eltern beziehungsweise das familiäre Umfeld sich heute oftmals viel weniger regulierend in das Trinkverhalten ihrer Kinder einmischen.

Nicht selten begegnen wir einer erschreckend unkritischen Haltung von Eltern, was den Alkoholkonsum ihrer Teenager angeht.

Andere Eltern lassen zwar eine kritische Meinung erkennen, erscheinen aber deutlich überfordert damit, ihren Kindern ernsthaft Hilfreiches zum ausgewogenen Umgang mit Alkohol zu vermitteln und/oder verbindliche Grenzen mit ihnen zu vereinbaren.

Was muss man aus Sicht eines Pädagogen tun, damit Kinder und Jugendliche besser vor Alkoholmissbrauch geschützt werden?

Der größte Fortschritt wird zu erzielen sein, wenn man die Problematik von verschiedenen Seiten gleichzeitig anpackt. Experten nennen das „policy mix". Sicher lässt sich in der präventiven Arbeit mit Jugendlichen zum Thema Alkoholkonsum noch manches verbessern, sei es als Bestandteil schulischer Lerninhalte oder auch im Rahmen außerschulischer Bildung, also beispielsweise in Jugendfreizeiteinrichtungen. Ich weiß allerdings, dass in dieser Hinsicht auch bereits viel Sinnvolles unternommen wird, um Jugendliche zu informieren und zu einem reflektierten Umgang mit Alkohol anzuleiten.

Als wesentliche und effektive Ergänzung solcher Präventionsarbeit sollte sich nach meiner Einschätzung jedoch unbedingt auch einiges an unseren gesamtgesellschaftlichen Rahmenbedingungen im Umgang mit Alkohol verändern. Flatrate- und Discount-Partys sollten generell untersagt werden. Diese animieren Jugendliche förmlich dazu, jedes Maß zu verlieren und eigene Grenzen zu überschreiten. Generell spricht viel dafür, die Preise für Alkohol im Allgemeinen anzuheben. „Komasaufen ist billiger als die Karte für ein Fußballspiel" – so die plakative Expertenaussage in einem Interview, das ich kürzlich las. Höhere Verkaufspreise würden sicher zu einem bewussteren Konsumverhalten von Jugendlichen beitragen und Alkohol in eine bessere Relation zu anderen Dingen setzen, für die Jugendliche ihr Geld ausgeben.

Zudem halte ich es für sinnvoll, die Verfügbarkeit von Alkohol einzuschränken. Jugendliche, so wie ich sie aus unserer Arbeit kenne, halten Alkohol in den seltensten Fällen vorrätig. Meistens wird spontan eingekauft. Durch erweiterte Ladenöffnungszeiten bietet sich dazu inzwischen reichlich Gelegenheit. Das ließe sich eindämmen, indem Alkohol nicht überall und auch nicht zu jeder Tages- und Nachtzeit zum Verkauf steht.

Muss man die Gesetze verschärfen?

Ich halte die bestehenden Altersgrenzen für Alkoholkonsum prinzipiell für sinnvoll und ausreichend. Wichtiger erscheint mir, noch durchgängiger sicherzustellen, dass diese Altersgrenzen beim Verkauf von Alkohol auch wirklich flächendeckend eingehalten werden. Nach allem, was ich im Alltag von Jugendlichen höre, die unsere Einrichtung besuchen, gibt es da doch nach wie vor viele „Schlupflöcher".

Zunächst braucht es mehr bzw. strengere Alterskontrollen. Es ist schon immer wieder frappierend, was man teilweise an Szenen und Situationen mit alkoholisierten Jugendlichen erleben kann, sei es auf den Berliner Straßen oder auch im öffentlichen Nahverkehr. Sicher sind Verbote und Kontrollen kein Allheilmittel. Dennoch kann es auch keine Dauerlösung sein, öffentliche Provokationen und Gewaltanwendung von alkoholisierten Minderjährigen gegen Dinge und Personen als Normalzustand hinzunehmen.

Warum genießt die Droge Alkohol trotz ihrer lebensbedrohlichen Gefahren ein so hohes Ansehen in der Bevölkerung?

Die große Akzeptanz von Alkohol in unserer Gesellschaft kann man in der Tat als soziokulturelles Phänomen ansehen. Letztlich besitzt Alkohol ja schon lange Zeit eine hohe Akzeptanz und Verbreitung. Aus meiner Sicht besteht schlicht ein breiter Konsens darin, in Alkohol einen wesentlichen Genuss- und

Geselligkeitsfaktor zu sehen. Für unsere Jugendlichen gilt er entsprechend als „Standardzutat" beziehungsweise Erfolgsrezept für jede gute Party.

Dass Alkohol eine derart große gesellschaftliche Wertschätzung genießt, hängt sicher auch damit zusammen, dass er in unserem Land eine starke Lobby besitzt. Entsprechend offensiv und flächendeckend können Hersteller hierzulande Imagewerbung betreiben, entsprechend günstig sind die Verkaufspreise und entsprechend uneingeschränkt ist die Verfügbarkeit von Alkohol.

Ganz sicher wäre es höchst spannend zu beobachten, wie sich die gesellschaftliche Akzeptanz von Alkohol und damit auch das Konsumverhalten von Jugendlichen mittelfristig entwickelt, wenn man beispielsweise Alkoholwerbung gesetzlich einschränken würde.

Muss man Angst haben vor der Zukunft unseres Landes?

Ich halte den hohen Alkoholkonsum vieler Jugendlicher durchaus für problematisch. Um es plakativ auszudrücken: Komasaufen darf sich nicht noch weiter zum Massenphänomen ausweiten! Dafür sind die Begleiterscheinungen und Folgen zu schwerwiegend. Es gibt allerdings konkrete Möglichkeiten, dem entgegenzuwirken. Einige davon habe ich oben benannt.

Wenn es um Alkoholkonsum von Jugendlichen und die Zukunft unseres Landes geht, sollte uns bewusst sein, dass Konsummuster im Jugendalter prägen und Weichen stellen für das Verhalten im Erwachsenenalter. Also auch perspektivisch gedacht ein Grund mehr, alle Möglichkeiten auszuschöpfen, um das Trinkverhalten von Jugendlichen noch wirksamer konstruktiv zu beeinflussen.

Max – Vom Rausch direkt in den Knast

Der junge Mann gehört hier eigentlich nicht hin. Max ist 22 Jahre alt, sieht aber noch sehr jugendlich aus. Er sitzt in einem Hamburger Knast. Die Haftstrafe hat er für eine Tat bekommen, die er im Vollrausch begangen haben soll. So sah es zumindest der Richter. Max weiß nicht, ob das stimmt. Er erinnert sich nicht mehr daran.

In seiner kleinen Zelle wirkt er wie ein Fremdkörper. Er hat feine Gesichtszüge, seine schwarzen, langen Haare fallen ihm ins Gesicht und verdecken eine lange Narbe an der Stirn. Auch seine Nase passt nicht so recht in sein schmales, blasses Antlitz, denn sie ist leicht geschwollen und etwas rötlich verfärbt. Sie wirkt wie ein kleiner Fremdkörper, wie eine Insel mitten in einem schmalen, länglichen See. Seine linke Augenbraue ist mit einem kleinen Stecker verziert und in der Mitte ausrasiert.

Neben ihm steht Jan, ein 20-jähriger Zuhälter und Drogendealer. Er wirkt sehr kompakt, ein festes Paket aus Energie und Muskeln und damit ein krasser Kontrast zu seinem Zellenkumpan. Die beiden jungen Männer sitzen jetzt schon über zwei Jahre in dem engen Raum ihre Strafe ab. Ein Flachbildschirm ist der Mittelpunkt der ansonsten sterilen Kammer. Es gibt hier nur sehr wenige persönliche Gegenstände.

Am Kopfende des Bettes von Max klebt ein postkartengroßes Foto eines jungen, hübschen Mädchens. Lara ist jetzt schon seit über vier Jahren die Freundin von Max. Sie hat bis jetzt zu dem jungen Straftäter gehalten und freut sich auf die Zeit nach dem Knast – das sagt zumindest Max.

Die Wahrheit sieht etwas anders aus. Lara hat Angst vor dem ersten Treffen nach der Zeit im Gefängnis. Wie hat sich Max verändert? Was hat die Lebensgemeinschaft mit den anderen „Knackis" aus ihm gemacht? Rutscht er womöglich wieder in seine alte

Clique hinein, durch die sich der Junge damals so verändert hat? Sie weiß es nicht, doch fehlt ihr der Mut zu einer Trennung.

Lara kommt sich vor wie eine „Witwe auf Zeit", wenn es so etwas überhaupt gibt. Ihre beste Freundin hat gerade geheiratet und ist im dritten Monat schwanger. Sie lebt mit ihrem Mann, einem Sicherheitsberater, in einer kleinen Wohnung und ist der glücklichste Mensch der Welt. So wirkt es zumindest auf Lara. Kann sie mit Max jemals so glücklich werden? Wird Max jemals ein guter Vater sein, und was wird sein kleiner Sohn einmal denken, wenn er hört, was sein Vater getan haben soll? Fragen über Fragen sorgen bei Lara für schlaflose Nächte.

Max war in seiner Kindheit immer schon das, was man ein schwieriges Kind nennt. Er wuchs mit 6 Geschwistern in einem behüteten Elternhaus auf. Sein Vater ist Direktor an einem Hamburger Gymnasium, die Mutter Hausfrau. Sie hat ein beträchtliches Erbe mit in die Ehe gebracht. Die Familie brauchte sich nie finanzielle Sorgen zu machen; Geld war immer vorhanden. Nur der kleine Max machte Probleme. Er war hyperaktiv und brachte das Leben der noch jungen Familie immer wieder durcheinander. Er war das dritte Kind nach zwei Mädchen, die den Eltern niemals Probleme bereiteten. Auch Max' jüngere Geschwister verletzten nie die Regeln, die durchaus hochgesteckt waren und immer noch sind.

Beide Eltern gehören zu einer evangelischen Kirchengemeinde und sind dort sehr aktiv. Gemeinsam geht man jeden Sonntag in den Gottesdienst und gestaltet ihn manchmal als Familiengemeinschaft auch mit. Der Vater ist im Kirchenvorstand und eine Säule der Gemeinde. Da sind die Anforderungen an die Kinder durchaus hoch. Zu Hause wird täglich gemeinsam gebetet, aber die Kinder haben auch ihre Freiheiten. Sie gehen auf eine ganz normale städtische Schule und die Kinder bringen ihre Freunde aus ganz verschiedenen Schichten oft mit nach Hause an den Stadtrand der Millionenstadt. Das Haus wurde 1922 erbaut und hat viel Platz. Es liegt an einer kleinen Straße mit großen Bäumen. Die langen Äste wuchern von beiden Seiten über die Straße und berühren sich in der Mitte wie Liebespaare. Ein Ort, wo man wenig Böses vermutet. Aber die Probleme schlugen dann doch plötzlich ein wie ein Blitz in einen alten Baum, der einsam mitten auf einer Wiese steht.

Mit 14 Jahren blieb Max das erste Mal nachts von zu Hause weg. Die letzten Jahre sind für den Vater und die Mutter nicht leicht gewesen. Max störte in der Schule immer wieder den Unterricht und verließ auch manchmal grundlos das Klassenzimmer. Die Lehrer konnten ihn nicht mehr bändigen und baten die Mutter, ihren Sohn auch in der Schule zu beaufsichtigen. Max kostete immer mehr Zeit und natürlich litten die anderen Kinder unter dieser Situation. Die Lehrer waren genauso überfordert wie der Junge und irgendwann gaben die Pädagogen auf. In der Schule ist nur wenig Zeit für Außenseiter wie ihn.

Und Max wurde immer mehr zu einem Rebellen. Der Junge hatte kein Sitzfleisch, seine Leistungen in der Schule wurden immer schwächer und irgendwann gab er ganz auf. Seine Eltern bekamen das anfangs nicht mit. Manchmal ging er gar nicht mehr in die Schule, stattdessen streunte er durch die Stadt. St. Pauli und die Reeperbahn wurden so schon früh seine neue Heimat. Hier fand er, wie er damals dachte, neue Freunde und viel Verständnis. Max fing an zu trinken und nahm auch immer wieder Drogen. Er probierte einfach alles aus und fühlte sich dann stärker. Zwischenzeitlich kam er auch für kurze Phasen zurück in seine Familie und schaffte mit deren Hilfe – mit Ach und Krach – doch noch überraschend seinen Hauptschulabschluss.

Auch äußerlich veränderte Max sich immer mehr. Er ließ seine Haare wachsen, trug ein Piercing im Gesicht und immer mehr Tätowierungen schmückten seinen Körper. Sein bester Freund war inzwischen der Alkohol. Mit ihm fühlte er sich stark und vor allem entspannt. Seine neuen Kumpels kannte keiner in der immer gestressteren Familie von Max. Sie kamen nie mit in den bürgerlichen Stadtteil, wenn Max, was selten genug geschah, mal nach Hause ging.

Überraschenderweise fand der Junge dann einigermaßen selbstständig eine Lehrstelle in einem bekannten Hamburger Drogeriemarkt, kam aber mit seiner Chefin einfach nicht klar. Nach wenigen Monaten schon wurde er entlassen. Max bettelte bei seiner Mutter immer wieder um Geld. Die ließ sich häufig erweichen und gab dem Jungen, was er brauchte.

Von seiner ehemaligen Chefin erfuhr die geschockte Mutter dann, was sie bisher nicht gewusst hatte: Max hatte die Nächte zum Tag gemacht und war oft direkt aus der Kneipe an seinen Arbeitsplatz gegangen. Auch der lag praktischerweise im Stadtteil St. Pauli. Oft suchte er sich dort im Lager des Drogeriemarkts eine ruhige Ecke und machte dann immer wieder ein Nickerchen. Nicht selten kam er betrunken und bedröhnt an seinem Arbeitsplatz an und seine Chefin musste ihn daher immer häufiger nach Hause schicken.

Mehrfach war er abgemahnt worden. Einmal war Max fast die Hand ausgerutscht, die Chefin konnte sich gerade noch in Sicherheit bringen. Sie hatte schließlich genug von ihrem rebellierenden Auszubildenden gehabt und den Jungen rausgeschmissen. Max saß praktisch auf der Straße, denn auch seine Mutter drehte ihm den Geldhahn zu.

In dieser Zeit schlief Max abwechselnd bei verschiedenen Kumpels. Für wenige Wochen hatte er keine eigene Wohnung mehr. Doch es sah aus, als käme er wieder auf die Beine.

Max lieh sich bei seinen Freunden regelmäßig Geld, kleinere Summen, aber auch einmal 1.000 Euro. Er fand einen kleinen Aushilfsjob als Packer und kam so einigermaßen über die Runden. Doch seinen Lebensstil änderte er nicht. Ganz im Gegenteil, er bretterte sozusagen auf der Überholspur dahin. Alkohol und Drogen waren sein Leben und letztlich sein einziger Lebensinhalt. Das christliche Elternhaus war ihm zu eng und auch zu spießig. Schließlich wurde Max kriminell und die Polizei fasste ihn immer wieder: kleinere Diebstähle, Drogendelikte, das übliche Programm.

❖

Zu Hause wusste man nichts von der „Karriere" des Sohnes und Bruders. Hin und wieder kam er für eine Weile vorbei und beteiligte sich am Familienleben, als ob niemals etwas gewesen wäre. Seinen Glauben hatte er nicht völlig verloren, er war nur zu schwach, ihn zu leben. So sieht es zumindest seine Mutter – bis heute.

Dann veränderte sich von einem auf den anderen Tag fast alles. Tagsüber arbeitete der jetzt 19-Jährige mehr oder weniger zuverlässig in einer Firma. Immerhin beschäftigte ihn sein Arbeitgeber inzwischen schon fast zwei Jahre. Es kam zwar immer wieder zum Streit mit seinem Chef, aber die Hamburger standen nun einmal für so monotone Jobs nicht gerade Schlange, und irgendwie ging es immer weiter.

An diesem besagten Tag fuhr Max nach der Arbeit zu seiner Familie und unterhielt sich längere Zeit mit seiner Mutter. Er erzählte ihr, am Abend sei er auf einer „geilen Party" eingeladen. Am nächsten Tag brauche er nicht zu arbeiten, und in der Nacht würde er im kleinen Gartenhaus schlafen, wie er es auch als Kind schon häufig getan habe. Die Mutter sagte nichts. Sie wollte keinen Streit.

Max fuhr auf die Reeperbahn und seine Mutter sah ihn am nächsten Morgen wieder. Er schlief auf der Gartenbank, im T-Shirt, aber das war nicht weiter schlimm, denn es war mitten im Juli. Sie weckte ihren nun schon fast erwachsenen Sohn, aber der war noch zu betrunken, um klar denken zu können. Er stammelte etwas von seiner Freundin und dass er dringend wegmüsse. Max kam seiner Mutter in diesem Moment völlig fremd vor. Sie saß noch ein paar Minuten schweigend alleine im Garten. Immer mehr böse Vorahnungen kamen ihr in den Sinn, doch sie versuchte, diese negativen Gedanken wegzublinzeln. Doch das klappte dieses Mal nicht.

Schließlich stolperte sie die Treppe hinauf, um mit ihrem Mann zu sprechen. Doch der wiegelte nur ab. „Max ist alt genug, der muss inzwischen allein klarkommen", hörte seine Frau ihn sagen. Aber sie nahm es kaum wahr.

Dann der große Schock: Ein Freund der Familie rief an und stammelte etwas von der Onlineausgabe einer großen Hamburger Boulevardzeitung, die sie sich unbedingt anschauen sollten. Das Ehepaar rannte durch den Flur ins Arbeitszimmer, wo der Computer der Familie stand. Die Mutter ließ sich auf einen Stuhl fallen, während ihr Mann verzweifelt die Seite suchte, die man ihm genannt hatte.

Die jüngere Schwester von Max war ihnen gefolgt. Keiner sagte etwas. Die Sekunden fühlten sich an wie Stunden. Was war passiert? Das Gesicht des Vaters, der die Internetseiten durchforstete, wirkte starr. Schließlich fing er an, etwas vorzulesen. Sein Gesicht wirkte wie eine Maske. Er redete schnell, es hörte sich an wie Salven aus einer Maschinenpistole. Die anderen verstanden nur die Hälfte.

Auch die anderen Familienmitglieder drängten sich jetzt um den Bildschirm. Sie starrten entsetzt auf ein Bild von Max. „Was gibt es in diesem Blatt denn bloß über unseren Max zu berichten?", diese Frage durchzuckte sie alle. Fotos zeigten Max und den Bahnhof. Die Bildunterzeile prägte sich ihnen ein wie ein Brandzeichen ins Fell eines Pferdes: Max wurde von der Polizei gesucht. Der Verdacht: Er sollte in der Nacht ein minderjähriges Mädchen vergewaltigt haben, das zufällig mit ihm auf dem Bahnsteig stand. So stand es zumindest dort zu lesen.

Konnte das der Max sein, den sie alle kannten, der Sohn, Bruder und früher auch gläubige Christ? Hatten sie sich so in ihm getäuscht?

An diesem Tag regnete es und war ziemlich windig. Einer jener trüben Tage, die sich nie so ganz aus der Nacht schälen. Der verhangene Himmel schimmerte grau wie im Oktober. Oder war das nur Einbildung?

In den nächsten Stunden war die Familie wie gelähmt. Nur die Mutter wurde endlich aktiv. Sie rief bei der Polizei an und brachte mehr in Erfahrung. Man erzählte ihr von den Vorstrafen und der Tat, die man Max vorwarf. Max sollte ein noch ganz junges Mädchen vergewaltigt haben, das zudem noch unter einer leichten geistigen Behinderung litt. Die Mutter hoffte immer noch, dass alles nur eine furchtbare Verwechslung sein könnte. Sollten Alkohol und Drogen ihren Sohn wirklich so kaputt gemacht haben, dass damit auch seine letzten Hemmungen weggespült wurden?

Szenenwechsel: Max ist nach seiner Flucht vom heimischen Grundstück inzwischen bei seiner Freundin angekommen. Sein Kopf dröhnt und sein Herz schlägt wie eine Kirchturmuhr. Was war passiert? So langsam kann er wieder einen klaren Gedanken fassen. Die Bilder der Nacht laufen durch seinen Kopf wie ein Film im Kino. Was hat er getan? Ist es wirklich er, der in diesem Horrorfilm die Hauptrolle spielt? Hat er dieses Mädchen vergewaltigt, verletzt und gedemütigt?

Sein Handy klingelt; ein Kumpel ist dran. Auch er hat das Foto im Netz gesehen. Das Ganze verbreitet sich wie ein Lauffeuer. Alle möglichen Leute rufen an und wollen mehr wissen. Natürlich reagiert auch seine Freundin. Sie ist total entsetzt. Lebt sie mit einem Sexgangster zusammen? Schluchzend sitzt sie mit Max in der Küche. Jetzt ist ihr Gegenüber eindeutig der Max, den sie liebt. Nur: Wer ist dann der Junge, der heute in der Nacht diese unvorstellbare Tat begangen hat? Und was ist jetzt zu tun? Sollte Max sich stellen und alles zugeben? Ist er überhaupt schuldig?

Nach der Veröffentlichung des Fotos wird der Druck auf den jungen Mann unvorstellbar groß. Er ahnt: Das Foto vom Bahnhof erscheint nicht nur im Internet, es wird morgen in allen Zeitungen sein. Auch das lokale Fernsehen bringt soeben einen Fahndungsaufruf.

Max spricht lange mit seiner Freundin. Er ist nicht der Typ, der diese Tat begangen hat. Da ist Max sich sicher. Doch eine Unsicherheit bleibt: Er kann sich zwar an nichts erinnern, weiß aber andererseits ganz genau, dass er sturzbetrunken gewesen ist. Was bewirkt der Alkohol bei ihm? Kommt sein wahrer Charakter während des Rausches durch oder bewirkt der Alkohol irgendetwas Krankes in seinem Kopf? Legt sich womöglich ein Schalter um, der einen anderen Menschen aus ihm macht? Ist er wirklich der Mädchenschänder vom Bahnhof?

Nach einigem Zögern geht seine Freundin schließlich mit ihm zur U-Bahn. Er will sich freiwillig stellen. Was wird passieren? Lässt man ihn nach einem Geständnis wieder laufen?

Die beiden kommen an der Polizeiwache an, drücken auf einen Klingelknopf, die Tür öffnet sich und das junge Paar stellt sich vor einen Schreibtisch, an dem ein Polizeibeamter sitzt. Max stammelt: „Ich bin der von heute Nacht, aber ich war das nicht wirklich."

In dem Raum ist es nach diesem Kurzgeständnis sehr still. Alle starren ihn an. Dann kommt Bewegung in die Maschinerie der Justiz. Max wird festgenommen und bekommt einen Anwalt zugewiesen, einen sogenannten Pflichtverteidiger. Der erweist sich in den folgenden Wochen als ein zusätzliches Desaster. Er rät Max nicht nur, alles zu gestehen, sondern auch Dinge zuzugeben, die er so nicht begangen hat. Das würde sich später strafmildernd auswirken, behauptet der Anwalt.

Ein Trugschluss. Max wird am Ende des Verfahrens zu fast drei Jahren Gefängnis verurteilt. Eine Strafe, die er bis zum letzten Tag absitzen muss. Der Anwalt war ein Nichtskönner, aber nun ist es zu spät. Haftbegleitend muss Max auch eine Therapie machen, um eine Wiederholungstat auszuschließen.

Seine Familie hatte ihm im Prozess geraten, sein Leben so zu schildern, wie es tatsächlich war. Doch Max und der Anwalt wussten es vermeintlich besser.

Alle Verhöre, Zeugenbefragungen, Indiziensammlungen haben übrigens nicht gereicht, um Max selbst von seiner Schuld zweifelsfrei zu überzeugen. Bis heute rätselt er, ob er wirklich der Täter war. Er kann sich nur bruchstückhaft an den Tag erinnern. Ja, er war besoffen und zugedröhnt. Aber das bestimmt nicht zum ersten Mal – und Exzesse, die auch nur im Ansatz einer Vergewaltigung oder einem entsprechenden Versuch nahegekommen wären, hat es seiner Erinnerung nach zuvor nie gegeben.

Niemals wieder würde er einen Tropfen Alkohol anrühren, das hat er sich geschworen. Seine Familie hat ihn nach seinem Knastaufenthalt wieder zu Hause aufgenommen. Dort hofft er zu lernen, sich wieder in die Gesellschaft einzufügen. Einen Job hat er bereits gefunden. Der Alkohol hat seine Persönlichkeit verändert, einen anderen Menschen aus ihm gemacht, eine hässliche Fratze zum Vorschein gebracht. Ohne Alkohol, so hofft er, wird er wieder der Mensch, der er früher einmal war.

Den Geruch dieses schlimmen Tages wird er wohl niemals vergessen. Manchmal trifft er ihn noch heute, wie ein Blitz schlägt er bei ihm ein, setzt sich neu in seiner Nase fest. Im Knast hat man ihn verprügelt, im Beisein und unter Duldung der Wärter. Da will er nie wieder hin, da ist er sich sicher. Ohne Alkohol wird er das wohl auch durchhalten.

Zu seinem brutalen Zellengenossen hat er keinen Kontakt mehr. Der wird auch schon wieder von der Polizei gesucht, hat er gehört. Max' Freundin muss sich erst wieder an ihn gewöhnen. Das Leben hat sich verändert in diesen Jahren, als er im Knast saß. Er hat das dort nicht bemerkt, er war zu sehr mit Grübeln beschäftigt.

Wenn er jetzt im Supermarkt an den Spirituosenregalen vorbeigeht oder auf Plakatwänden Schnaps- oder Wodkawerbung sieht, stößt er einen leisen Fluch aus, weil die verheißene Leichtigkeit des Promillespiegels tatsächlich ein solches Elend über sein Leben und das des geschändeten Mädchens gebracht hat. Es verstört ihn bis auf den heutigen Tag, wie ihn der Rausch erst seines Bewusstseins und schließlich auch seiner Freiheit beraubt hat.

Wie der Alkoholmissbrauch anfängt

Die „Druckbetankung", das schnelle Trinken, um möglichst schnell einen Rausch zu bekommen, ist sicher eine Begleiterscheinung unserer modernen, schnelllebigen Zeit. Es muss alles ruckzuck gehen, ohne Schnörkel, ohne langen Anfahrtsweg, sozusagen ohne Vorspiel. So wird gelebt, so wird gegessen – und so wird eben auch Alkohol getrunken. Aber es wurde natürlich schon immer Alkohol konsumiert, gerade unter Jugendlichen. Früher hatte man nur nicht solche Begriffe dafür wie „Komasaufen" oder „Druckbetankung". Auch hat die Quantität des Alkoholkonsums von Jugendlichen vor 30 Jahren noch niemanden wirklich interessiert.

Aber eine Parallele gibt es zwischen gestern und heute: *Der Großteil der jungen Menschen lernt das Trinken nicht durch Geschwister, Freunde und Mitschüler, sondern durch die Eltern und anderen Erwachsenen im persönlichen Umfeld kennen.*
Was vielleicht manche überrascht: Auf dem Land wird statistisch mehr getrunken als in den Großstädten unseres Landes. Das wird gerne übersehen.

„Was soll man auf dem Land auch sonst in seiner Freizeit machen?", denken viele der jungen Menschen. Vor allem der leichtfertige Umgang mit Alkohol in den Familien und Haushalten in unserem Land wirft viele Fragen auf. Warum müssen die Vorratsschränke in den Wohnzimmern, Küchen, Speisekammern und Kellern mit Spirituosen jeglicher Art gefüllt sein? Viele Haushalte horten unzählige Flaschen mit alkoholischen Getränken – mehrere Kästen Bier, zahllose Flaschen Wein, Regalbretter voller Schnäpse, Liköre und Aperitifs. Hier wird schon Kindern gezeigt, dass Alkohol anscheinend unverzichtbar ist. Wenn Papa und Mama davon so viel vorrätig haben, dann wird es schon nicht so schlimm sein, wenn auch die Kids mal einen über den Durst trinken.

Fragen wir einen trockenen Alkoholiker, wie er den Suchtdruck vermeiden kann, so wird er antworten: „Wenn ich dem Alkohol aus dem Weg gehe, habe ich meistens auch kein Verlangen danach!" Doch wie muss man sich das vorstellen? Kann er zukünftig seine Wohnung nur noch mit verbundenen Augen verlassen? Bei den Jugendlichen ist das nicht anders. Nicht nur der Alkoholvorrat der Eltern ist hier eine ständige Verführung zum Alkoholkonsum bei Kindern und Jugendlichen. Gerade durch die andauernde Präsenz von Hoch- und Niedrigprozentigem in der Öffentlichkeit denken auch junge Menschen ständig an Alkohol. Die allgegenwärtige Werbung ruft das Verlangen wach, denn mit dem Genuss von Alkohol assoziiert man Gefühle wie Entspannung, Urlaub oder einfach nur Spaß und Geselligkeit. Außerdem ist die nahezu uneingeschränkte Verfügbarkeit von Alkohol ein weiterer großer Verführungsfaktor.

Allgegenwärtige Verlockung

Natürlich ist es immer sehr beliebt, auf die Medien zu schimpfen, aber sie spielen bei der Verführung Jugendlicher zum Trinken in der Tat eine tragende Rolle. Sportveranstaltungen, Krimis, Spielfilme oder auch Serien fangen oft mit dem Satz an: „Dieser Film wird präsentiert von … ", und dann folgt der Produktname eines alkoholischen Getränks. So ist es für alkoholabhängige Menschen, aber auch für alkoholgefährdete Gruppen, und dazu gehören nun einmal Kinder und Jugendliche, schwierig, abends einen Film zu schauen, ohne mit dem Suchtmittel konfrontiert zu werden.

Dasselbe gilt auch für Radio- oder Fernsehspots und Werbeplakate, durch die wir täglich daran erinnert werden, Alkohol zu konsumieren. Der Genuss von alkoholischen Getränken wird grundsätzlich mit positiv belegten Situationen in Verbindung gebracht – das ist die übliche Masche der Werbung. Oder haben Sie schon einmal einen peinlich Betrunkenen oder sogar komatöse Jugendliche in einem Werbespot gesehen, der in irgendeiner Form für Alkohol wirbt? Das ist in etwa so wahrscheinlich, wie einen Lungenkrebserkrankten in einem Werbespot für Zigaretten zu entdecken.

Nein, zu sehen sind eher erfolgreiche Geschäftsleute, schöne junge Menschen oder Karrieretypen wie Schauspieler oder Sportler. In der Werbung wird weder darüber informiert, wie schädlich die beworbenen Substanzen sind, noch dass man davon abhängig werden kann. Da stellt sich einem natürlich die Frage: Warum ist es bei der Tabak- und Zigarettenwerbung inzwischen Vorschrift, die Konsumenten über Risiken aufzuklären – bei der Alkoholwerbung aber nicht? Selbst in der Werbung für Medikamente muss auf die Risiken und Nebenwirkungen hingewiesen werden. Beim Schnaps wird dagegen niemandem empfohlen, seinen Arzt oder Apotheker nach den Nebenwirkungen zu fragen …

Auch Supermärkte stellen für die Risikogruppe ein großes Problem dar, gerade auch für junge Menschen. Wir reden hier also nicht gerade von einer kleinen Minderheit. Hochprozentiges steht dort häufig in der Nähe der Kasse. So wird man in der Schlange vor dem Bezahlen immer wieder dazu animiert, doch schnell noch zur Flasche zu greifen. Und wer an den Regalen noch widerstehen konnte, steht ganz zum Schluss neben Zigaretten, Schokoriegeln, Kaugummi und … hochprozentigen Likören, die nicht nur ein gutes Gefühl versprechen, sondern auch sexuelle Assoziationen wecken. Da fällt das Neinsagen noch ein bisschen schwerer.

Sport spielt in der Alkoholwerbung eine Schlüsselrolle, und das, obwohl Alkohol nachweislich stark leistungsmindernd ist. Auf vielen Trikots stehen zum Beispiel die Namen von Biermarken. Eintracht Braunschweig schrieb hier am 24. März 1973 deutsche Sportgeschichte, als die Mannschaft, damals noch in der 1. Bundesliga, von Jägermeister gesponsert als erste deutsche Fußballmannschaft mit Trikotwerbung spielte. Allerdings bediente man sich hier eines Tricks, denn der Deutsche Fußballbund (DFB) verbot damals Trikotwerbung, sodass die Eintracht kurzerhand das Logo der Firma als Vereinswappen übernahm. Der Wolfenbütteler Kräuterlikörfabrikant war damals nicht nur Sponsor des Vereins, sondern stellte zeitweise auch dessen Präsidenten. Der Streit mit dem DFB um dieses Engagement brachte den Produkten im ganzen Land eine große Aufmerksamkeit und werbewirksame Schlagzeilen. Damals entdeckte die Industrie den Sport als ideale Plattform für die Werbung. Gerade der Fußball erreicht in Deutschland die meisten Menschen.

Das gilt auch für die Formel 1. Auch dort entdeckt man Alkoholwerbung auf den Fahrzeugen und den Overalls der Fahrer. Durch den Sieg des deutschen Fahrers Sebastian Vettel bei der Weltmeisterschaft ist der Wert der Werbung noch einmal deutlich gestiegen. Aber auch bei vielen anderen Sportarten wird auf Trikots für bekannte Biermarken geworben. Besonders grotesk stellt es sich dar, wenn bei Sportevents dann parallel die populäre Parole „Keine Macht den Drogen" ausgegeben wird. Sie könnte aufgrund des Werbeengagements durch ein Liedchen ergänzt werden: „Keine Macht den Drogen – aber einer geht noch, einer geht noch rein …"

Alkohol ist in unserer Gesellschaft allgegenwärtig. Das ist Teil unserer Kultur. Man mag das begrüßen, bedauern oder verfluchen, doch die Wege zum berauschenden Getränk sind extrem kurz, egal, wo man sich gerade befindet.

Bei jedem noch so kleinen Jubiläum wird angestoßen. Und selbst ein kirchliches Fest, etwa die Einweihung eines Gemeindehauses, ist ohne das obligatorische Gläschen Sekt kaum noch denkbar. Stillschweigend wird wohl vorausgesetzt, dass alle jungen Menschen stark genug sind, dem Alkohol zu widerstehen. Man darf solche Veranstaltungen aus der Sicht der Kinder und Jugendlichen aber nicht auf die leichte Schulter nehmen.

Hier treten das Visuelle und das Auditive zugleich in den Vordergrund, also das Sichtbare und das Hörbare. Je später der Abend und je gehobener die Stimmung, desto enthemmter können auch die Jugendlichen werden. Junge Menschen werden auf solchen

Veranstaltungen fast immer von Bekannten animiert, doch etwas mitzutrinken, zumindest ein Glas. „Ein Bier wird ja wohl erlaubt sein, du sollst dich ja nicht gleich betrinken. Aber schließlich bist du ja kein kleines Kind mehr!"

Das hören die Kids immer wieder. Und so beginnt der Alkoholkonsum einer neuen Generation. Nicht alle Kinder können nach einem Glas dann auch wieder aufhören. Sie sind unterschiedlich labil. Und so kann die kumpelhaft gemeinte Geste den Anfang einer Säuferkarriere markieren. Daran denkt vermutlich keiner der „Ermutiger", die Trinkfestigkeit für ein Zeichen von Erwachsenwerden und Reife halten.

Natürlich braucht es zum Trinken in unserer Kultur kein Jubiläum und kein Fest. Alkohol ist Alltag. In zahlreichen Familien wird er zum Essen getrunken. Hier wird den jungen Menschen suggeriert, dass der Konsum von Alkohol ungefährlich sei, ja eine Art Grundnahrungsmittel. Immer wieder kommt das Argument, in den südlichen Ländern würde schon seit Jahrhunderten Wein zum Essen getrunken, und das schade den jungen Menschen ja auch nicht. Wir sind nicht in der Position, präzise sagen zu können, wie groß das Alkoholproblem in diesen Ländern ist. Unserem Eindruck nach sind die Südländer aber tatsächlich Genusstrinker, die das Übermaß viel mehr meiden als Menschen in unseren Breitengraden.

Wenn man sich die Mengen an Alkohol, denen unsere Kinder ausgesetzt sind, bildlich vorstellt, dann weiß man erst, welche Gefahr hier lauert: Fast 60 Prozent der Bevölkerung trinken regelmäßig Alkohol. Den Konsum von großen Mengen Alkohol geben immerhin noch 10 Prozent zu. Männer im Westen trinken durchschnittlich pro Woche 3,4 Liter Bier, im Osten sind es 4,3 Liter. Frauen trinken durchschnittlich an Bier nur ein Drittel von dem, was Männer sich einverleiben.

Der Übergang vom „normalen" Trinken zur Alkoholsucht ist schleichend. Wir müssen daher unsere Kinder ganz genau beobachten und ihnen vorleben, wie man mit Alkohol in Maßen umgeht oder abstinent lebt.

Bei den Recherchen zu diesem Buch ist den Autoren eines sehr negativ aufgefallen: Auf dem platten Land wird in Fußballvereinen und bei der Freiwilligen Feuerwehr ganz massiv getrunken. Dort bunkert man auch oft erschreckend große Vorräte an Schnaps und Bier. Oftmals findet dann an Wochenenden ein Wetttrinken statt, bei dem es nur Verlierer geben kann. Hier rutschen die Kids automatisch in eine Situation, die für sie später sehr gefährlich werden kann. Die Kinder trinken oft aus mangelnder Alternative. Wo kann man auf dem Land sonst schon hingehen und etwas erleben?

Dummheit frisst, Intelligenz säuft

Hat das Rauschtrinken auch etwas mit mangelnder Bildung zu tun? Trinken die Kinder der Unterschicht mehr Alkohol als zum Beispiel Studenten? Eigentlich könnte man das erwarten. Denn ein gebildeter Mensch müsste eher wissen, dass das Trinken gerade bis zum Alter von 25 Jahren besonders gefährlich für die Gesundheit ist – und sollte es deshalb eigentlich lassen. Zumindest was das regelmäßige Trinken angeht. Doch: „Dummheit frisst, Intelligenz säuft", sagt der Volksmund. Und die Wirklichkeit scheint diese Behauptung noch zu übertreffen.

Es gibt eine 5 Jahre alte Studie der Katholischen Fachhochschule Nordrhein-Westfalen[14], die besagt, dass sehr viele Studenten nicht nur ernsthafte Probleme mit Drogen haben, sondern auch mit dem Alkohol. Die angehenden Akademiker neigen zum Rauschtrinken und zum Drogenmissbrauch, während die nicht studierenden Altersgenossen öfter rauchen, so das Fazit eines Kölner Forscherteams. Von den 2.300 befragten Studenten gaben damals über 20 Prozent an, in den letzten 14 Tagen zumindest bei einer Gelegenheit mehr als 5 alkoholische Getränke zu sich genommen zu haben. Nur 10 Prozent der Studenten sagten aus, im zurückliegenden Monat überhaupt keinen Alkohol getrunken zu haben. Getrunken wird also in allen gesellschaftlichen Bereichen.

Natürlich sind die Großstädte von diesem Problem ebenfalls betroffen. In unserem Buch „Deutschlands sexuelle Tragödie" haben wir von Alkoholexzessen berichtet, in denen Jugendliche ihre Sexualpartner im Suff regelmäßig austauschen. Ein Mädchen, mit dem eine Pädagogin der Arche zum Frauenarzt ging, erfuhr erst bei dem Mediziner, dass sie schwanger war. Sie konnte sich an keinen Sexualpartner in der jüngeren Zeit erinnern. Die Jugendliche war gerade einmal 16 Jahre alt. Der Alkohol baute bei ihr offensichtlich alle Hemmungen ab und stürzte dieses Mädchen letztlich in eine existenzielle Krise.

In Großstädten gibt es gerade im bildungsarmen Milieu viele Cliquen, innerhalb derer die Altersunterschiede teilweise sehr groß sind. Oft sind die jüngsten Mädchen erst 11 oder 12 Jahre alt und die ältesten Jungs schon über 20. Es liegt auf der Hand, dass ein älterer Junge von einem 12-jährigen Mädchen etwas anderes will als das Mädchen von dem Jungen. Die jüngeren Kinder, hier überwiegend Mädchen, werden zum Trinken animiert und dann häufig von ihren „Freunden" missbraucht.

Gerade sexueller Missbrauch ist oft die Folge komatösen Trinkens. Wenn ein 20-Jähriger eine 11-Jährige mit Alkohol abfüllt, dann fällt das nicht mehr unter die Rubrik „Jux und Dollerei". Und wenn er sie dann noch ins Bett zieht, dann ist eindeutig der Straftatbestand des sexuellen Missbrauchs erfüllt.

Aber auch die Anzahl von Alkoholvergiftungen steigt in diesem Milieu dramatisch an. Seit der Jahrtausendwende hat es hier eine Zunahme um 143 Prozent (!) gegeben[15].

Wir haben also ein gefährliches Wachstum von neuen Trinkmustern unter jungen Menschen, die man mit dem Verhalten von früheren Jugendlichen nicht vergleichen kann. Eltern sind recht machtlos, wenn ihre Kinder ein bestimmtes Alter erreicht haben und nicht mehr unter ständiger Kontrolle stehen. Allerdings: Gerade bei Kindern unter 14 Jahren sollten Eltern sehr genau darauf achten, mit wem sich ihre Kinder abgeben. Und Väter und Mütter sollten sofort reagieren, wenn sie das erste Mal eine Alkoholfahne bei ihrem Kind bemerken.

Die Verantwortung der Eltern

Wie gesagt, der Vorbildfunktion der Eltern kommt bei diesem Thema eine entscheidende Bedeutung zu. Selbst keinen exzessiven und ständigen Alkoholkonsum vor den Augen der Kinder zu praktizieren (und am besten selbst dann nicht, wenn es die Kinder nicht mitkriegen), unterstützt den Weg, damit der Nachwuchs das Trinken nicht als Normalzustand und damit harmlos betrachtet. Stellt man zudem fest, dass Kinder auffälliges Interesse am Alkohol zeigen und häufig darüber sprechen, dann sollte man sofort eine Beratungsstelle aufsuchen. Hier können Weichen gestellt werden, die über eine ganze Biografie entscheiden. Denn neben den gesundheitlichen Schäden durch hohen Alkoholkonsum folgen in der Regel auch soziale Defizite und der Weg in die Kriminalität.

Wer einmal richtig abgestürzt ist, lässt sich nur noch schwer wieder herausholen. Deshalb ist es – wie in anderen Lebensbereichen auch – besser, das Kind aufzuhalten, bevor es in den Brunnen fällt. Dazu müssen Eltern aber erst einmal wahrnehmen, in welche Richtung ihr Kind sich überhaupt bewegt.

Koma, Drogen, Sex –
Interview mit einem 14-Jährigen

Andreas ist 14 Jahre alt und besucht eine Jugendeinrichtung in Berlin. Wir haben mit ihm über seine Erfahrungen und seine Einstellung zum Alkohol gesprochen. Zum Schutz seiner Persönlichkeit sind Namen und Personen verfremdet – der Inhalt des Gesprächs ist aber authentisch und aus unserer Sicht schockierend. Andreas ist kein Einzelfall.

Andreas, wie lange gehst du schon in diese Einrichtung?
Ich bin jetzt zwei Jahre hier. Ein Kumpel hat mich das erste Mal mitgenommen. Hier chille ich ab, und hier treffe ich mich mit meinen Freunden. Die Leute hier, ich meine auch die Mitarbeiter, sind echt geil drauf und haben mir schon oft geholfen. Außerdem kommen auch die Mädchen, die ich schon aus der Schule kenne, gerne hier hin. Manche davon sind echt süß. Ich bin glücklich hier.

Erzähl mal ein bisschen von dir und deiner Familie.
Ich lebe noch zu Hause bei meiner Mama, zusammen mit meinen vier Geschwistern. Ich bin der Älteste, ich bin vor zwei Wochen 14 Jahre alt geworden. Meine Mama war noch sehr jung, als sie mich bekommen hat. Sie ist erst 32 Jahre alt. Eigentlich sind meine Geschwister auch nicht meine richtigen Geschwister. Wir haben jeder einen anderen Vater. Meine Mama kümmert sich aber sehr um uns, wir hartzen nicht ab („hartzen" = Slang für: „von Hartz IV leben"). Meine Mama arbeitet von Montag bis Freitag halbtags im Supermarkt. Der ist direkt bei uns in der Nachbarschaft. Da haben wir echt Glück. Meine Schwester ist ein Jahr jünger als ich und kümmert sich um den Haushalt und auch

um die beiden Kleinen, zumindest wenn Mama bei der Arbeit ist. Aber morgens sind die Kleinen ja in der Kita. Wir sind alle wie gute Freunde. Streit gibt es fast nie. Wir feiern sogar alle zusammen, freitags und manchmal auch samstags. Mamas Freund, den hat sie schon seit einem halben Jahr, ist auch erst 23 Jahre alt, und mit dem verstehe ich mich super.

Wie sieht euer Alltag aus?

Mama arbeitet immer von 8 Uhr bis 14 Uhr. Danach kommt sie direkt nach Hause und kümmert sich um unsere Familie und manchmal auch um unsere Wohnung. Allerdings muss jeder von uns sein eigenes Zimmer selbst aufräumen, meine Schwester und ich auch das Zimmer von den beiden Kleinen. Das klappt alles sehr gut, weil, wir sind ja keine „Assis". Wenn Mama von der Arbeit kommt, gehe ich hierher. Meine Schwester kommt leider nur selten mit. Ihre Freundinnen sagen immer: „Da gehen nur die armen Kinder hin." Obwohl, das ist Schwachsinn. Wir sind ja auch nicht arm.

Wie sind denn deine Leistungen in der Schule?

In der Schule läuft es nicht so rund. Ich lerne nicht gern und irgendwie habe ich auch keinen Bock auf diesen ganzen Scheiß. Ich kann später in dem Supermarkt arbeiten, wo jetzt schon meine Mama arbeitet. Das hat ihr Chef mir versprochen. Ich habe schon mal so aus Spaß mitgeholfen und der findet mich voll nett. Ich habe auch Schwierigkeiten beim Lesen und Schreiben, da bin ich von der ersten Klasse an nicht richtig mitgekommen. Ich habe früher immer den Unterricht gestört und bin einfach rausgelaufen und auf den Schulhof gegangen. Dann sollte mich meine Mutter in der Schule betreuen, aber die musste ja arbeiten und hatte für so etwas keine Zeit. Irgendwie hat es dann doch geklappt, und ich bin zumindest im Klassenraum geblieben, auch wenn ich manchmal nur so rumgelaufen bin. Ich konnte mich halt nie richtig konzentrieren, und deswegen klappt das mit dem Lesen und Schreiben bis heute nicht wirklich. Aber meine

Lehrerin zieht mich da irgendwie durch. Bei meiner Schwester ist das anders. Die hat richtig gute Noten, sogar im Zeugnis. Die will später mal Tierärztin werden. Aber unsere Mama sagt immer: „Tierärzte werden wir nicht."

Du hast gesagt, deine Mutter hat einen sehr jungen Freund. Wie ist der denn so?

Der Freund meiner Mama heißt Moritz. Der findet es nicht schlimm, wenn ich in der Schule nicht so richtig mitkomme. Er sagt, es kann ja nicht nur Chefs geben. Er hat früher auf der Platte gelebt. Ich meine damit nicht im Plattenbau, sondern auf der Straße. Er ist heute noch ein Punk und hat auch viele Kumpels, die am Alex und wo auch immer abhängen. Was ich an ihm nicht so gut finde, ist, dass er nicht arbeiten geht. Moritz hat auch noch nie gearbeitet. Er ist wirklich faul und chillt nur rum. Er bekommt aber zumindest Hartz IV, und er gibt jeden Monat 150 Euro in die Haushaltskasse. Denn Rest braucht er fürs Kiffen und für Alkohol.

Hast du denn auch schon Drogen genommen?

So richtige Drogen noch nicht, ich kiffe halt am Wochenende und trinke Bier und manchmal auch Wodka mit Cola. Wir laden jeden Freitag Kumpels von meiner Mutter und von Moritz ein, und manchmal kommen auch Freunde von mir, die etwas älter sind als ich. Dann kifft sogar meine Mama mit, obwohl die überhaupt nicht raucht. Ich rauche schon seit drei Jahren fast jeden Tag. Am Samstag schlafen wir dann immer bis abends, weil wir gehen dann nie vor 7:00 oder 8:00 Uhr am nächsten Morgen ins Bett. Aber an diesem einen Tag hauen wir uns voll die Birne weg. Sogar meine Schwester macht fast immer mit. Die hat jetzt auch ihren ersten Freund, der ist schon 28 und arbeitet in einem Getränkemarkt. Der organisiert meistens den Wodka und manchmal auch das Bier. Ein oder zwei Flaschen Wodka klauen, das fällt in dem großen Laden überhaupt nicht auf. In dem Supermarkt von Mama geht das nicht. Das würde ihr Chef sofort merken. Aber Mama klaut auch nicht.

Was macht ihr denn auf den wöchentlichen Partys so? Ist da nur Trinken angesagt?

Ja klar, aber wir machen da auch schon so rum. Meine beiden kleinen Schwestern sind dann bei ihren Vätern, und wer Bock hat aufs F…, der geht halt dann auf eines der Zimmer. Ich habe schon mit 7 Frauen geschlafen, fast immer mit besoffenem Kopf. Meine Mama passt aber immer auf, dass ich auch Kondome nehme. Einmal habe ich keins genommen, aber es ist zum Glück nichts passiert. Das war eine Braut, die ich aus der Schule kenne. Die ist wirklich sehr nett. Mit der will ich später mal zusammen sein. Aber Mama und Moritz sagen, erst muss ich alles ausprobiert haben, und das habe ich noch lange nicht.

Bist du denn auch so locker beim Thema Sex, wenn du nichts getrunken hast?

Wenn ich ehrlich bin, nee. Meine Mama ist da viel lockerer. Die und Moritz machen es sogar zu Hause miteinander, wenn ich oder meine Schwestern da sind, und schließen nicht einmal die Schlafzimmertür richtig ab. Die laufen auch nackt in unserer Wohnung herum. Dabei habe ich mal bei Moritz was gesehen, was ich mir auch machen lassen will. Der hat einen Ring an seinem „Pullermann", vorne an der Eichel, so heißt das doch, oder? Aber die Leute vom Piercing-Studio, wo Mama immer hingeht, wollen mir das nicht dranmachen. Ich soll warten, bis ich volljährig bin. Mama hat auch ein Piercing da unten. Das sieht echt scharf aus. Ich könnte aber beim Sex nie so locker sein wie die beiden, zumindest nicht, wenn Moritz oder Mama dabei wären. Mit einer Kumpeline habe ich es mal gemacht, da war auch mein bester Kumpel mit seiner Freundin im Raum. Das war bei ihm in seiner Wohnung. Aber die waren auch miteinander beschäftigt. Und da war ich voll besoffen. Meine Schwester hat sich übrigens so ein Piercing da unten machen lassen. Das hat ein Kumpel von ihrem Freund gemacht. Der hat mal in einem Piercing-Studio gearbeitet, und der würde das auch bei mir machen. Aber lieber doch noch nicht, da warte ich, bis ich 17 oder 18 bin. Das soll nämlich auch richtig wehtun.

Hast du denn keine Angst vor der Zukunft? Hast du keine Angst, dass du zum Beispiel Alkoholiker werden könntest?

Nee, das habe ich voll im Griff. Wie schon gesagt: Das mit der Schule werde ich nie packen. Das weiß ich und das ist halt so. Vielleicht bekomme ich ja später dann mal mehr Geld. Moritz sagt immer, wenn ich mal über 20 bin, dann gibt es schon Hartz V, und das ist sicher mehr als das, was es heute gibt. Ich weiß zwar nicht, ob das stimmt, aber irgendwie werde ich schon klarkommen. Moritz sagt auch immer, die werden in Deutschland schon keinen verhungern lassen. Da hat er wohl recht. Aber das mit dem Saufen macht voll Spaß. Das machen auch viele meiner Kumpels und auch die Eltern von denen. Ist ja auch nichts dabei. Ich habe sogar gehört, dass Wodka voll gesund sein soll. Die Russen trinken das Zeug sogar aus Zahnputzgläsern und die leben ja auch noch. Also, was soll's? Irgendwann, wenn ich Kinder habe, höre ich damit sicher auf ... obwohl, Mama trinkt ja heute auch noch und die ist nicht krank und sieht auch noch geil aus. Sie hat sogar getrunken, während sie schwanger war. War ja auch nicht schlimm. Sieht man ja.

Bist du glücklich mit deinem Leben?

Klar, zumindest lebe ich nicht so langweilig wie die ganzen Spießer. Die werden in ihrem ganzen Leben nicht das erleben, was ich jede Woche mache. Ich kenne eine Nachbarin, die trinkt keinen Alkohol und hat bisher nur mit einem Typen geschlafen. Ätzend, da würde ich mich wegknallen. Da hatte ich schon mehr erlebt, als ich 13 war! Die arbeitet als Lehrerin an einer Grundschule bei uns im Kiez und muss jeden Morgen um 6:00 Uhr aufstehen. Und im Urlaub fährt sie zu ihrer Mutter, die wohnt auf einem Dorf in der Eifel. Ich weiß zwar nicht, wo das ist, aber es hört sich schon ätzend an. So ein Leben möchte ich nicht haben, und die war gut in der Schule, hat sogar studiert, sagt sie zumindest, und dann so was. Aber sie sieht voll scheiße aus.

Wie stellst du dir denn dein weiteres Leben vor?

Eigentlich soll alles so weitergehen. Ich will später nur so viel Geld verdienen, dass ich nicht abzuhartzen brauche. Wirklich alt möchte ich nicht werden. So vielleicht höchstens 40. Meine Oma ist 65. Das ist voll krass. Die sieht aus wie hingekotzt. Da stinkt es sogar in ihrer Wohnung nach toten Tieren. Aber zum Glück wohnt die nicht in Berlin und ich muss da nicht hin. – Aber vielleicht kann ich ja später auch in der Arche arbeiten (grinst).

Potenzierte Gefahr –
Was Alkohol mit jungen Menschen macht

Warum ist Alkohol für junge Menschen so gefährlich – sehr viel gefährlicher als für Erwachsene? Wir haben einen Mediziner gebeten, die wissenschaftlichen Erkenntnisse dazu zusammenzutragen, damit wir das Problem des Komasaufens bei Kindern und Jugendlichen richtig einordnen können.

Wolfgang Luster ist Facharzt für Innere Medizin und Betriebsmediziner. Seine Arbeit führte ihn unter anderem nach Jeddah (Saudi-Arabien), Moskau (Russland) und Nairobi (Kenia). Er hat zahlreiche wissenschaftliche Artikel publiziert und erhielt 1983 den „Farmitalia Carlo Erba"-Preis der Arbeitsgemeinschaft Internistische Onkologie der Deutschen Krebsgesellschaft.

Alkohol ist wahrscheinlich die älteste Droge der Menschheit, mit Sicherheit die heute am weitesten verbreitete. Gemessen am wirtschaftlichen Schaden und der Zahl der Toten und Verletzten ist es die mit weitem Abstand gefährlichste Droge weltweit. Rechnet man noch die Anzahl der zerstörten Familien und die Folgen dazu, so geht die Zahl der Opfer weltweit in die Millionen.

Nach den Angaben der Weltgesundheitsorganisation (WHO) führen mehr als 24 Gramm Alkohol pro Tag bei Frauen und 40 Gramm bei Männern zu Organschäden. Die Grenze zur Gesundheitsgefährdung liegt also beim weiblichen Geschlecht bei einem Glas Wein am Tag, beim männlichen bei zwei großen Gläsern Bier. Dass Frauen weniger Alkohol vertragen als Männer, hat nichts mit gesellschaftlichen Rollen zu tun, sondern ist simple Biologie. Frauen haben mehr Östrogen im Blut als Männer, und Östrogen macht es für die Leber sehr viel schwerer, den Alkohol abzubauen.

Die WHO geht davon aus, dass 33 Prozent aller Unfälle und Verletzungen weltweit – egal, ob im Verkehr, im Haus oder im Beruf – die Folge von Alkoholkonsum sind. 2009 gab es in Deutschland 8,27 Millionen Unfälle. Damit hatte jeder zehnte Einwohner Deutschlands einen Unfall. 19.178 Menschen kamen dabei ums Leben. Die meisten der Unfälle und Verletzungen passieren im Haus, in der Freizeit und im Verkehr. Ohne die Einwirkung von Alkohol wären von diesen 19.178 Kindern, Jugendlichen, Frauen und Männern vermutlich weit über 6.000 Personen noch am Leben. 2,75 Millionen Menschen wären nicht verletzt worden.

Alkohol ist ein Rauschmittel und gleichzeitig ein starkes Zellgift. Ganz besonders stark ist die Wirkung auf Kinder und Jugendliche. Etwa 20.000 von ihnen werden jedes Jahr in Deutschland wegen einer Alkoholvergiftung im Krankenhaus behandelt.

Alkohol wirkt negativ auf nahezu alle Organe des Menschen und besonders auf solche, die sich noch entwickeln. Je jünger ein Kind ist, desto stärker ist die Giftwirkung und desto geringer ist die berauschende Wirkung auf das Kind.

Die Wirkung von Alkohol auf den Menschen hängt von vielen Faktoren ab. Wichtige Einflussgrößen sind:

- Das Körpergewicht. Je leichter ein Mensch ist, desto stärker wirkt die gleiche Alkoholmenge, weil sich der Alkohol in einem kleineren Körper verteilt.

- Das Alter. Im Organismus wird der Alkohol über mehrere Stufen abgebaut, bis er letztendlich vollständig aus dem Körper verschwindet. Hierbei wird er zum Teil in für das Gehirn und andere Organe sehr giftige Zwischenprodukte umgewandelt, die im nächsten oder übernächsten Schritt entgiftet werden. Je jünger ein Mensch ist, desto weniger gut funktioniert diese schrittweise Zusammenarbeit beim Abbau von Alkohol, und es kommt zum Stau der gefährlichen Zwischenprodukte. Für Kinder können deshalb schon kleine Mengen Alkohol tödlich sein, ohne dass sie eine berauschende Wirkung verspüren.

- Das Geschlecht. Mädchen und Frauen vertragen bei gleichem Körpergewicht nur ungefähr die Hälfte der Alkoholmenge wie

Jungen und Männer. Das Leben ist nicht fair. Die weiblichen Geschlechtshormone sorgen bei Mädchen und Frauen dafür, dass der Alkohol anders und langsamer abgebaut wird als bei Männern. Umgekehrt heißt das: Alkohol wirkt bei Mädchen und Frauen schneller und stärker als beim männlichen Geschlecht.

- Ethnische Zugehörigkeit. Manche Völker haben aufgrund anderer Gene eine andere Enzymausstattung für den Alkoholabbau in der Leber. Sie bauen dadurch Alkohol anders und unterschiedlich langsam ab. Hierbei können viel mehr giftige Zwischenprodukte entstehen als bei anderen Bevölkerungsgruppen. Es gibt Wissenschaftler, die glauben, dass diese geringere Alkoholtoleranz eine wichtige Rolle bei der Ausrottung der Indianer gespielt habe und bewusst für diesen Genozid eingesetzt worden sei. Auch bei in Deutschland lebenden Kindern und Jugendlichen mit Migrationshintergrund kann die unterschiedliche Alkoholtoleranz für entstehende Organschäden eine wichtige Rolle spielen.

Entgegen der verbreiteten Meinung ist nicht die Leber, sondern das Gehirn das am stärksten von Alkohol betroffene Organ beim Menschen. Bei 0,2 Promille Alkohol im Blut eines Jugendlichen mit 60 Kilo Körpergewicht – dies entspricht etwa einem Glas Bier oder weniger als einem Alkopop – fängt die Enthemmung an und viele werden redselig. Bei 0,3 Promille Alkohol im Blut kommt es zur Einschränkung des Sehfeldes und die Aufmerksamkeit lässt nach. Bei 0,5 Promille – für einen Jugendlichen mit 60 Kilo Körpergewicht entspricht dies etwa drei Gläsern Bier oder zwei bis drei Alkopops – zeigt sich ein deutliches Nachlassen der Reaktionsfähigkeit. Die Koordination und Feinmotorik bricht dramatisch ein, rote Ampeln werden übersehen, die Bereitschaft, Risiken einzugehen, steigt deutlich an.

Wie sieht das in der Praxis aus? Das Koordinationsvermögen und die Reaktionsfähigkeit lassen so stark nach, dass selbst ein Weltklasse-Tischtennis- oder Tennisspieler in diesem Zustand jedes Spiel gegen drittklassige nüchterne Spieler haushoch verlieren würde.

Bei 0,8 Promille kommt es zu Gleichgewichtsstörungen, das Gesichtsfeld verengt sich zum Tunnelblick. Bei 1,0 bis 1,5 Promille Alkohol im Blut – bei 60 Kilo Körpergewicht entspricht das 5 bis 8 Gläsern Bier oder 4 bis 6 Alkopops – kommt es zu Sprachstörungen. Häufig werden dann auch große Risiken eingegangen. Die Aggressivität steigt bis hin zum totalen Kontrollverlust.

Für Schulkinder kann ein solcher Blutalkoholspiegel bereits lebensgefährlich sein.

Das bedeutet, dass unter Umständen 5 Bier oder 4 bis 5 Alkopops für ein 45 Kilogramm schweres Schulkind den Tod bedeuten können.

Bei Kindern kann die berauschende Wirkung des Alkohols ganz ausfallen, und der Alkoholkonsum führt direkt zum Tod, ohne dass die Kinder vorher betrunken werden oder auf Außenstehende betrunken wirken. Sie können plötzlich, ohne Vorwarnung, ins Koma fallen und im schlimmsten Fall sterben.

Bei 2,0 bis 2,5 Promille wird die Aussprache lallend bis unverständlich und es kommt zu starken Koordinations- und Gleichgewichtsstörungen. Bei 2,5 Promille Alkohol im Blut kommt es zu Bewusstseinstrübungen, Lähmungserscheinungen, Doppelbildern und zum Verlust des Erinnerungsvermögens. Es entsteht der berühmte „Filmriss". Bei 3,5 Promille besteht auch für Erwachsene akute Lebensgefahr durch Lähmung des Atmungszentrums.

Fünf Promille Alkohol im Blut verkraftet praktisch kein menschlicher Körper – sie führen in der Regel zum Tod.

Alkohol in der Schwangerschaft

Die Extremform des kindlichen Alkoholmissbrauchs ist der Alkoholkonsum von Schwangeren. Das sich entwickelnde Kind wird schon im Mutterleib mit dem Zellgift Alkohol regelrecht überschwemmt. Der unreife Organismus des Kindes hat, im

Unterschied zum Erwachsenen, so gut wie keine funktionierenden Systeme, um den Alkohol abzubauen und sich so vor ihm zu schützen. So kommt es zu schwersten Schädigungen des kindlichen Organismus.

Beim sogenannten „Vollbild des fetalen Alkoholsyndroms" kommt es zu einer schweren Hirnschädigung, wobei der IQ bis 70 absinken kann. Kinder mit einem IQ von 70 gelten als nur bedingt bildungsfähig.

Alkoholschäden am Nervensystem führen nicht selten zu Krampfanfällen (Epilepsie). Die Schädigungen während der Knochenbildung und des Aufbaus der Muskeln führen häufig zu Kleinwuchs und Muskelschwäche. Die Fehlbildungen im Gesicht sind zum Teil so schwer, dass sie umgehend operiert werden müssen, zum Beispiel bei Kiefer-Gaumenspalten. Die Sprachstörungen bei diesen Kindern können so schwer sein, dass diese Kinder ein Leben lang davon beeinträchtigt sind.

Es kommt zu Hörschäden bis zum Hörverlust. Augenfehlbildungen mit starker Kurzsichtigkeit und Hornhautverkrümmungen können das Leben dieser Kinder zusätzlich erschweren.

Die durch den Alkohol verursachten Herzfehler können die gesamte körperliche Leistungsfähigkeit dieser Kinder extrem einschränken. Nicht selten leiden sie auch an Fehlbildungen an Genitalien und Harnwegen, die so einschneidend sein können, dass diese Kinder auch als Erwachsene ohne Hilfsmittel kein Wasser lassen können.

Jedes Jahr werden in Deutschland 10.000 Kinder mit schweren Alkoholschäden geboren. 4.000 davon mit dem eben beschriebenen Vollbild des fetalen Alkoholsyndroms. Diese Kinder haben meist verschiedene schwere Schädigungen und gehen mit denkbar schlechten Startvoraussetzungen ins Leben. Sie haben kaum eine Chance auf einen Schulabschluss oder eine Ausbildung. Sie werden in der Regel nicht in der Lage sein, sich selbst zu versorgen, sondern werden ihr ganzes Leben auf Transferleistungen angewiesen bleiben.

Besonders tragisch ist es, wenn minderjährige Schwangere

Alkohol konsumieren. Dann kommen nämlich die schlechtere Alkoholtoleranz der werdenden Mutter und die Anfälligkeit des Fötus zusammen. Um das Ausmaß des Problems noch einmal klarzumachen: Durch Alkoholgenuss in der Schwangerschaft kommt es in Deutschland zu mehr Behinderungen bei Kindern als durch alle anderen Ursachen zusammen!

Die zerstörerische Wirkung von Alkohol

Alkoholgenuss führt bei Kindern und Erwachsenen zu schweren Schäden an verschiedensten Organen, Gehirn, Psyche und Nervensystem. Alkoholmissbrauch führt beim Konsumenten zu psychischen Veränderungen, die im Extremfall zum dauerhaften völligen Realitätsverlust bis hin zu Wahnvorstellungen führen können.

Nervenschäden

Durch regelmäßiges Trinken kommt es zur Schädigung und zum Absterben von Nervenzellen. Die Nervenzellen in verschiedenen Bereichen des Gehirns und Körpers reagieren dabei unterschiedlich empfindlich auf das Gift des Alkohols. So kommt es in einigen Bereichen schneller zu dauerhaften Nervenschädigungen beziehungsweise zu Funktionsausfällen.

Häufig betroffen sind die langen Nerven in den Beinen, vor allem der sogenannte Fußheber. Hierdurch entsteht der typische schlurfende Alkoholikergang.

Persönlichkeitsveränderungen

Viel dramatischer als die Langzeitfolgen sind für die Erkrankten und ihre Umgebung jedoch die Persönlichkeitsveränderungen, die im akuten Alkoholrausch und darüber hinaus auftreten. Bei Kindern und jugendlichen Alkoholkonsumenten kommt es deutlich schneller zu diesen Veränderungen, da zum einen die betreffenden Gehirnbereiche für die Giftwirkung deutlich empfindlicher sind. Zum anderen ist ihre Persönlichkeit noch sehr viel weniger geprägt und fertig. Sie sind durch einen Rauschzustand deutlich leichter zu formen und zu beeinflussen.

Häufig fällt die Zeit, in der Kinder mit dem Alkohol erste Bekanntschaft machen, mit der Pubertät zusammen. Diese Zeit ist für Kinder auch ohne Alkohol schon sehr verwirrend und häufig extrem schwierig.

Im Rausch können Kinder und Jugendliche ihr Bedürfnis, Grenzen zu testen und diese auch zu überschreiten, eher ausleben. Im Rausch gehen sie deutlich höhere Risiken ein, fühlen sich mutiger und stärker. Alkohol wird meist in der Gruppe getrunken, der Konsum und der Rausch werden als Gemeinschaft stiftendes positives Gruppenerlebnis betrachtet. Die Akzeptanz der Jugendlichen untereinander, innerhalb der Gruppe, steigt mit zunehmendem Alkoholpegel deutlich.

Im Rausch entsteht ein starkes Wir-Gefühl. Besonders schüchterne Jugendliche, die häufig eher am Rand stehen, sehen das Trinken in der Gruppe als Erlebnis, bei dem sie im Gruppenverband akzeptiert und aufgenommen werden.

Wissenschaftliche Studien zeigen, dass beim Trinken in der Gruppe oder in der Disco die Attraktivität des anderen Geschlechts scheinbar deutlich zunimmt. Für den trinkenden Jugendlichen wird sein Gegenüber plötzlich attraktiver als in nüchternem Zustand und der Trinkende selbst wird beim gemeinsamen Trinken für das andere Geschlecht ebenfalls begehrenswerter. Dieser im Volksmund als „sich jemanden schönsaufen" bekannte Effekt lässt sich tatsächlich wissenschaftlich nachprüfen.

Diese positiven Rauscherlebnisse führen besonders bei solchen Kindern, die im Leben selten positive Erfahrungen machen, dazu, dass sie das immer wieder haben wollen. Dies führt zur Abhängigkeit und relativ schnell auch zu Persönlichkeitsveränderungen.

Zu diesen psychischen Veränderungen durch die Prägung durch Rauscherlebnisse kommen bei häufigerem Konsum von Alkohol noch Persönlichkeitsveränderungen durch organische Hirnschäden hinzu. Die Überlagerung dieser beiden Phänomene führt zu einer Verstärkung des persönlichkeitsverändernden Effekts.

Im Rausch werden insbesondere die Zentren im Gehirn geschädigt, die für die emotionale Kontrolle und Risikovermeidung verantwortlich sind. Deshalb bilden sich aggressive Verhaltensmuster aus, die auch in der Zeit nach dem akuten Rausch weiterbestehen können.

Es kommt so auf Dauer zu einem deutlichen Abbau der Gedächtnisleistung und der Konzentrationsfähigkeit. Dies führt häufig zu Problemen in der Schule sowie am Ausbildungsplatz und Arbeitsplatz. Daraus entsteht neuer Frust, der wieder mithilfe von Alkohol abzubauen versucht wird.

Alkoholmissbrauchsepisoden über einen längeren Zeitraum können zu so massiven Wahrnehmungsstörungen führen, dass ein regelrechter Verfolgungswahn entsteht. Diese Kinder und Jugendliche beziehen dann alles, aber auch alles auf sich, fühlen sich von der ganzen Welt verfolgt und ziehen sich vollkommen zurück. Oder sie werden aggressiv und gefährlich für sich und andere. Dieser Zustand ähnelt stark dem Krankheitsbild der Schizophrenie.

Häufig kommt es bei regelmäßigem Alkoholkonsum zu depressiven Verstimmungen bis hin zu schwersten Depressionen. Nach wie vor ist nicht geklärt, ob der Alkohol Ursache dieser Depressionen ist oder ob Jugendliche mit der Neigung zu depressiven Verstimmungen gefährdeter dafür sind, alkoholabhängig zu werden. Diese Depressionen können sowohl im Rausch als auch in den nüchternen Phasen zum Suizid führen.

Werden große Mengen Alkohol über längere Zeiträume konsumiert oder/und beginnt der Alkoholmissbrauch in sehr jungen Jahren, kommt es im Endstadium der Hirnschädigung zur alkoholbedingten Demenz, dem Korsakow-Syndrom. Diese Menschen sind aufgrund ihrer Hirnleistungsschwäche nicht mehr in der Lage, sich selbst zu versorgen. Häufig kommt es zur völligen Verwahrlosung.

Organschäden

Durch den länger anhaltenden Konsum von hochprozentigem Alkohol kann es zur akuten und chronischen Entzündung der Speiseröhre und der Magenschleimhaut kommen. Dies kann, zusammen mit dem Alkoholkonsum, nicht selten zu Durchfällen und zu Mangelerscheinungen durch verminderte Aufnahme von Vitaminen und Mineralien führen.

Durch alle Arten von alkoholischen Getränken kann sich eine akute und chronische Entzündung der Bauchspeicheldrüse entwickeln. Die Bauchspeicheldrüse produziert Verdauungsenzyme. Durch den Alkohol wird die Bauchspeicheldrüse daran gehindert, die Verdauungsenzyme in den Darm abzugeben, und so fängt sie an, sich sozusagen selbst zu verdauen. Daher die Entzündung. Eine akute Bauchspeicheldrüsenentzündung ist eine extrem schmerzhafte, schwere Erkrankung, die in sehr kurzer Zeit zum Tode führen kann. In der Bauchspeicheldrüse liegen auch die Zellen, die Insulin produzieren und den Zuckerstoffwechsel regulieren. Chronische Entzündungen der Bauchspeicheldrüse können zur Zuckerkrankheit (Diabetes) führen.

Leber: Alkohol wird in der Leber abgebaut und entgiftet, was das Organ aber stark beansprucht. Dauerhafter Alkoholkonsum führt zur Überlastung der Leber und über die Zwischenstufen Fettleber und Leberzirrhose schließlich zum Leberversagen und zum Tod.

Die Enzymsysteme der Leber von Kindern und Jugendlichen sind anders als die von Erwachsenen. Dadurch reagiert die Leber von Kindern und Jugendlichen sehr viel empfindlicher auf Alkohol.

Je jünger ein Kind ist, desto weniger ist das System zum Alkoholabbau entwickelt. Bei Kindern unter 5 Jahren verläuft der Abbau von giftigen Zwischenstufen so langsam, dass es zu schwersten Leberschäden kommt.

Die Leber von Mädchen ist noch einmal doppelt so anfällig für die Giftwirkung wie die von Jungen. Genetisch bedingte Unterschiede bei der Entgiftung des Alkohols in der Leber bei verschiedenen ethnischen Gruppen führen dazu, dass bestimmte Jugendliche besonders anfällig für durch Alkohol verursachte Leberschäden sind.

Die häufig bei Kindern und Jugendlichen im alkoholisierten Zustand zu beobachtende Risikobereitschaft führt nicht selten zu einer Hepatitis-B- oder -C-Infektion. Häufige Übertragungswege sind hierbei ungeschützter Geschlechtsverkehr, das Stechen von Piercings und Tattoos sowie möglicher Drogenkonsum.

Eine Hepatitiserkrankung ist eine zusätzliche große Belastung für die Leber. Grundsätzlich ist Hepatitis in Deutschland gut behandelbar, die Therapie ist jedoch extrem teuer, langwierig und mit schweren, den Patienten sehr belastenden Nebenwirkungen verbunden. Kaum ein mit Alkoholproblemen kämpfendes Kind oder Jugendlicher dürfte in der Lage sein, eine solche Therapie über einen ausreichend langen Zeitraum durchzuhalten.

Je mehr Faktoren zusammenkommen, desto größer ist die Gefahr einer schnellen, vollständigen Zerstörung der Leber.

Bei einem schlanken, mit Hepatitis infizierten jungen Mädchen reichen schon wenige Jahre des Alkoholkonsums, um die Leber zu vernichten. Die einzige Möglichkeit, den Tod durch ein Leberausfallskoma zu vermeiden, wäre eine Lebertransplantation. Die Kosten hierfür können bis zu 500.000 Euro betragen. Es besteht bei fortgesetztem Alkoholmissbrauch zudem die Gefahr, dass das neue Organ innerhalb kurzer Zeit ebenfalls zerstört wird, insbesondere da nach einer Lebertransplantation Medikamente regelmäßig zur selben Zeit und in exakt richtiger Menge eingenommen werden müssen.

Herz: Insbesondere bei einer vorhandenen Vorschädigung kann es durch eine Schädigung des Nervensystems des Herzens zu Rhythmusstörungen und zum plötzlichen Herztod kommen. Die Giftwirkung des Alkohols kann die Herzmuskelzellen so weit schädigen, dass eine Herzmuskelschwäche (Kardiomyopathie) entsteht. Bei so vorgeschädigten Herzmuskeln kann es durch die großen Mengen an aufgenommener Flüssigkeit beim Biertrinker zu einer Volumenüberlastung und dadurch zu akutem Herzversagen und Tod kommen.

Nicht bewiesen ist die in regelmäßigen Abständen immer wieder wiederholte Behauptung, dass regelmäßiger moderater Konsum von Wein vor Herzinfarkt schützt. Es könnte sich bei dieser Aussage auch um eine sehr geschickt gemachte Imagekampagne handeln.

Krebserkrankungen

Häufig wird behauptet, dass langjähriger Alkoholgenuss zu Mundhöhlenkrebs, Kehlkopfkrebs, Speiseröhrenkrebs und Darmkrebs führt. Das ist aber nicht wirklich bewiesen, und insofern können wir auch keine Aussage darüber machen, ob und auf welche Weise Kinder und Jugendliche davon betroffen sind. Sollten tatsächlich die Weichen für eine Krebserkrankung in jungen Jahren durch übermäßigen Alkoholgenuss gestellt werden, so bricht die Krebskrankheit in aller Regel erst im Erwachsenenalter aus.

Schädigung der Sexualorgane

Durch die Schädigung der zugehörigen Nervenzentren im Gehirn, aber auch in den Nervengeflechten im Genitalbereich, kommt es beim männlichen Geschlecht zu Potenzproblemen. Es kommt zu vorzeitiger Ejakulation (Samenerguss) oder zum totalen Ausfall der „Manneskraft". Betrunkene erleben buchstäblich die berühmte „tote Hose". Es geschieht also genau das Gegenteil von dem, was die Werbung vorgaukelt.

Gewichtsprobleme

Eine wenig beachtete Wirkung des Trinkens: Alkohol macht fett! Zusätzlich zu den im Alkohol enthaltenden Kalorien kommt nämlich noch ein weiterer Effekt hinzu: Durch den Alkoholabbauvorgang in der Leber wird der Abbau von Fett im menschlichen Körper blockiert. Im Durchschnitt nehmen die Menschen in Deutschland 10 Prozent ihrer Kalorien als Alkohol zu sich. Alkohol ist somit im wahrsten Sinne des Wortes ein Volksnahrungsmittel geworden!

Ein Teufelskreis

Die größte akute Gefahr für Kinder und Jugendliche besteht aber nicht durch Krankheiten, sondern durch im Rauschzustand erlittene Unfälle sowohl im Straßenverkehr als auch im häuslichen Umfeld und in der Freizeit.

Durch die Persönlichkeitsveränderungen vermindern sich darüber hinaus die Leistungsfähigkeit, der Leistungswille und die Fähigkeit, Misserfolge auszuhalten und zu verarbeiten. Stimmungsschwankungen mit depressiven Episoden können zur Selbsttötung führen.

Die Wahrscheinlichkeit, dass Kinder und Jugendliche in ihrem späteren Leben in der Lage sein werden, sich selbst zu versorgen und nicht dauerhaft auf Transferleistungen angewiesen zu sein, sinkt dramatisch, je früher sie beginnen, regelmäßig Alkohol zu sich zu nehmen. Wir brauchen in Deutschland mehr Lehrer und Sozialarbeiter, die unsere Kinder darüber aufklären, wenn deren Eltern das nicht wollen oder können. Wir brauchen mehr aufsuchende Sozialarbeit. Wir müssen dorthin gehen, wo die Kinder sind. Nur dann haben unsere Kinder eine Chance.

Gefährliches Marketing

Die Werbung spielt in ihrer Wirkung auf junge Menschen leider eine unrühmliche Rolle. Werbung hat sich im Laufe ihrer kurzen Geschichte ja vollkommen verändert. Früher hatte sie noch häufig Inhalte, die über Eigenschaften und Vorzüge eines Produktes informieren sollten. Moderne Werbung, besonders für Alkoholika, versucht bestimmte Attribute oder Emotionen mit einem Produkt zu verknüpfen. Konsumenten eines Produkts werden als Vorbilder und Identifikationsfiguren dargestellt. Es wird erfolgreich suggeriert, dass der Genuss eines bestimmten alkoholischen Getränks den Konsumenten ebenso cool erscheinen lässt wie die in der Werbung dargestellten Vorbilder.

Das führt zu dem Bedürfnis, es diesen Vorbildern gleichzutun. Zusammen mit dem Rauscherleben, das diesen Wunsch in der Wahrnehmung des Jugendlichen Wirklichkeit werden lässt, bewirkt das den Zwang, dieses positive Erleben zu wiederholen. Dieser Zwang führt deshalb zu einem ausgeprägten Suchtverhalten. Ein großer Teil der Alkoholwerbung ist speziell auf Kinder und Jugendliche zugeschnitten, auch wenn dies von den Verantwortlichen immer wieder bestritten wird.

Untersuchungen belegen eindeutig, dass für bestimmte Alkoholika gezielt in den Werbepausen von Sendungen geworben wird, die überwiegend von Kindern und Jugendlichen gesehen werden. Diese Untersuchungen belegen weiterhin, dass die Werbung auch bei den jungen Leuten ankommt. So kannten 95 Prozent von über 3.000 befragten Schülern mit einem Durchschnittsalter von 12,5 Jahren in Brandenburg, Hamburg und Schleswig-Holstein die Werbung für Krombacher. 84 Prozent kannten Jägermeister aus den entsprechenden Spots. Damit liegt der Bekanntheitsgrad dieser Werbung bei Kindern und Jugendlichen in ähnlichen Bereichen wie stark beworbene Süßigkeiten (zum Beispiel Kinder-Pingui oder TicTac).

Kinder und Jugendliche sprechen leider auf Werbebotschaften besonders stark an, da bei ihnen Persönlichkeitsstrukturen und Konsumverhalten noch nicht gefestigt sind. Zudem sind nur bei Kindern und Jugendlichen noch hohe Wachstumsraten zu erzielen. Die Menge an Alkohol, die ein durchschnittlicher Erwachsener in Deutschland konsumiert, ist nicht mehr wesentlich steigerbar.

Was vielleicht noch wichtiger ist: In jungen Jahren werden die Weichen dafür gestellt, welchen Alkoholmarken die Kinder später den Vorzug geben werden. Der hässliche Nebeneffekt ist leider, dass einige auch schon viel zu früh auf den Alkoholgeschmack kommen.

Verhängnisvolle Verfügbarkeit

Es wurde bereits beklagt: Alkohol ist allgegenwärtig. Wir alle können Lebensmittel und Zeitungen kaufen, ohne dass uns dabei von einem Dealer Heroin, Kokain oder Haschisch angeboten werden. Aber es ist nahezu unmöglich, dass Kinder und Jugendliche einkaufen gehen, ohne dass ihnen Alkohol geradezu aufgedrängt wird. Spätestens an der Kasse schaut ihnen die Droge Alkohol in handlicher Form für ein Taschengeld ins Gesicht. „Quengelware" an der Kasse, Billig-Alkohol in kleinen Flaschen zwischen Zigaretten und Süßigkeiten. Alles Dinge, die meistens nicht auf dem Einkaufszettel stehen und dann doch mitgenommen werden.

So wie kleine Kinder ihre Mütter so lange nerven, bis diese nachgeben und etwas kaufen, so lange starren die kleinen Flaschen und Alkopops die jungen Leute an, bis diese sie einpacken oder durch einen älteren Freund mitnehmen lassen. Getränke mit mehr als 1,5 Prozent Alkohol gehören im Supermarkt in die hinterste Ecke in eine abgetrennte Abteilung, zu der niemand unter 21 Jahren Zutritt hat. Das funktioniert in vielen Staaten und Ländern ausgezeichnet.

Alkopops gehören verboten! Sie dienen nur einem einzigen Zweck, nämlich Kinder und Jugendliche „anzufixen". Sie sind eine klassische Einstiegsdroge, besonders für Mädchen. Zudem enthalten sie in der Regel mehr Alkohol als die in Deutschland üblichen Biere.

Wer Alkohol an Jugendliche verkauft, dem sollte nicht mit Geldstrafe oder Gefängnis gedroht werden, sondern der sollte auf eine begrenzte Zeit das Recht verlieren, überhaupt Alkohol verkaufen zu dürfen. Diesen Umsatzeinbruch würde niemand ein zweites Mal in Kauf nehmen wollen.

Wir müssen uns entscheiden: Opfern wir die Gesundheit und die Zukunft unserer Kinder, die ja neben der Gegenwart auch die Zukunft Deutschlands sind, auf dem Altar der Wachstumsraten der Alkoholindustrie, oder fangen wir ernsthaft an, unsere Kinder zu schützen?

Alles, was bislang an Aufklärung oder zur Beschränkung des Zugangs von Jugendlichen zu Alkohol in Deutschland getan wird, ist entweder unendlich naiv oder aber gewollt wirkungslos.

Wie Kinder an den Stoff kommen

Bei den Recherchen zu diesem Buch tauchte immer wieder die Frage auf, wie Kinder eigentlich an hochprozentigen Alkohol herankommen. Der Verkauf von Alkohol an Kinder und Jugendliche unter 18 Jahren ist immerhin gesetzlich verboten. Aber viele Verkäufer halten sich nicht an die Regeln.

Wir sind mit einem 16-jährigen Jungen, der zugegebenermaßen etwas älter aussieht, in einen Lebensmittelladen gegangen. Der Knabe hat ohne jedes Problem eine Flasche Wodka und zwei Flaschen Bier kaufen können. Der Verkäufer, der ebenfalls noch sehr jung war, fragte weder nach dem Alter des Käufers, noch ließ er sich einen Ausweis zeigen. Und das ist sicher kein Einzelfall. Für Jugendliche ist der Erwerb von Alkohol also kein großes Problem. Das haben auch unsere Gespräche mit Mädchen und Jungen ergeben.

Viele Kinder wissen sich selbstverständlich auch anders zu helfen. Sie fragen ältere Freunde und Bekannte und die erledigen die Beschaffung dann für sie.

In Clubs und Discotheken handhabt man den Jugendschutz erheblich strenger. Dort werden die Ausweise der jungen Besucher genau kontrolliert. Die Besitzer der Clubs wollen keinen Ärger mit den Behörden und meiden daher jedes Risiko. In den meisten Supermärkten ist das anders. Hier liegt die Entscheidungshoheit bei den Mitarbeitern an der Kasse. Die sind oft selbst noch sehr jung, schlecht geschult und drücken schon einmal ein Auge zu. Andere Mitarbeiter schätzen das Alter der Kids falsch ein.

Wir haben Jugendliche in einer der Berliner Archen gefragt, wie sie denn an ihren Alkohol herankommen. Das Ergebnis war für uns nicht überraschend: Die meisten von ihnen kaufen ihren Vorrat am Kiosk an der Ecke.

„Das ist ganz leicht, die sagen fast nie was, wenn ich dort eine Flasche Wodka kaufe", sagt uns Tim, der gerade 16 Jahre alt geworden ist. Die 15-jährige Linda hat ähnliche Erfahrungen gesammelt: „Ich kaufe das Zeug nur am Kiosk." Andere Kinder, die in die Archen kommen, besorgen sich ihren Stoff mithilfe ihrer Geschwister oder älteren Freunde. Der 14-jährige Felix sagt: „Mein Bruder macht das für mich."

Warum ist das so? Die Geschäfte in diesen kleinen Läden laufen zumeist eher schlecht. Sie finanzieren sich fast nur über den Verkauf von Zeitungen und Zeitschriften sowie Zigaretten, Süßigkeiten und Alkohol. Oft brauchen die Inhaber jeden Cent, um überleben zu können, und da drücken sie schon mal ein Auge zu. Aus anderen Städten haben wir ähnliche Geschichten gehört. Oft kommen die Kinder in die kleinen Läden, die häufig unmittelbar in ihrer Nachbarschaft liegen, mit dem Auftrag, für Mama oder Papa was Hochprozentiges zu kaufen. Die Eltern sitzen gemütlich vor dem Fernseher und haben keine Lust mehr, das Sofa zu verlassen. Wenn ein Kioskbetreiber auf Wunsch der Eltern den Kindern einmal Alkohol verkauft hat, wird er es immer wieder tun.

Das sind keine Einzelfälle. Es gibt übrigens auch einen beeindruckenden Anteil von Kindern, die den Alkohol schlichtweg klauen. Wir haben 20 Jugendliche dazu befragt. 15 von ihnen haben zugegeben, schon einmal Flaschen mit hartem Alkohol mitgehen lassen zu haben.

Der Feind in meinem Wohnzimmer

Vor allem das Elternhaus spielt bei der Beschaffung des Alkohols eine erhebliche Rolle. Natürlich sind es auch die älteren Geschwister, die den jüngeren Kindern helfen, an Alkohol heranzukommen. *Viele Eltern horten zudem große Vorräte an Nieder- und Hochprozentigem in ihren Kellern und Wohnzimmern. Und ob da die eine oder andere Flasche fehlt, wird Mama oder Papa kaum merken.*

Die eigene Familie ist also eine wichtige Bezugsquelle für die Kinder und ihre Freunde, um an den Stoff heranzukommen. Wenn Kinder sich auf Volksfesten, auf Jahrmärkten oder Feuerwehrfesten betrinken (was häufiger vorkommt, als man denkt), sind es fast immer ältere Jugendliche, die eine „Runde", also mehrere Gläser ordern, die sie danach an ihre Freunde verteilen. Und die sind eben häufig noch nicht volljährig.

Kleinere Kinder kann man oft dabei beobachten, wie sie Süßigkeiten mit alkoholischem Inhalt verputzen – Liköreier etwa oder Schnapspralinen. Die bekommen sie in jedem Laden, selbstverständlich auch in den großen Supermarktketten.

Ganz einfach ist es in Deutschland für unsere Kids, an Bier heranzukommen. Da reicht wirklich ein Besuch in einem Supermarkt oder einem Kiosk. Viele Ladenbesitzer sehen Bier als eine Art Grundnahrungsmittel an. Glücklicherweise ist der Genussfaktor bei Bier bei den Kindern sehr gering; der Geschmack ist ihnen zu bitter. Darüber hinaus brauchen die Kleinen eine große Menge, um einen gewissen Alkoholpegel zu erreichen. Das Trinken einer Flasche Bier in der Öffentlichkeit und im Beisein der Freunde dient also eher dem Gefühl des „Coolseins". Mit Komasaufen hat das wenig zu tun.

Vergleichen kann man das in etwa mit einem Heroinsüchtigen, der kein Geld mehr für den nächsten Schuss hat. Ein Zug an einem Joint wird auch ihm keine persönliche Erfüllung geben. Damit wollen wir das Niedrigprozentige nicht verharmlosen. Bier und Wein stellen für manche die Einstiegsdroge dar, bevor sie sich an härtere Sachen machen. Fürs Komasaufen gilt indessen: Es müssen schon Schnaps, Wodka oder andere Spirituosen sein, um in angemessener Zeit den erwünschten Rauschzustand zu erlangen.

Damit hier keine Missverständnisse aufkommen: Uns liegt es fern, alle Mitarbeiter in Supermärkten und an den Kiosken unter Generalverdacht zu stellen. Wir wissen, dass das Kontrollieren nicht ganz einfach ist. Es gibt ja umgekehrt auch junge Erwachsene, die sich ein jugendliches Gesicht bewahren konnten – da ist es für die Kontrollierenden manchmal peinlich, wenn der vermeintlich 16-Jährige tatsächlich schon 21 ist. Die Frage ist nur, ob man solche Situationen nicht einfach in Kauf nehmen muss, um den Alkoholmissbrauch bei Minderjährigen wenigstens ein bisschen einzudämmen.

In vielen Fällen ist es aber ohnehin so – da sollten wir uns nichts vormachen –, dass Kinder ihren Alkoholbedarf über Freunde decken, die schon mindestens 18 Jahre alt sind. Und die haben dabei mit an Sicherheit grenzender Wahrscheinlichkeit kein schlechtes Gewissen.

Dass Kinder (so oder so) an Alkohol herankommen, auch an große Mengen, ist leider Realität. Sonst würden nicht Hunderte von Kindern an einem einzigen Tag allein beim Karneval in Köln in die Intensivstationen der Krankenhäuser eingeliefert werden. Und es gibt keine großen Unterschiede im Alkoholkonsum auf der Landkarte. Kids von Flensburg bis Bad Reichenhall saufen sich in einen komatösen Rausch.

Helfen können wir unseren Kindern nur, wenn wir neben einer besseren Aufklärung die Weitergabe von Alkohol an Kinder und Jugendliche härter unter Strafe stellen. Das Ausgeben von Alkohol an Kinder darf kein Kavaliersdelikt mehr sein. Weder im Laden noch am Kiosk, weder im Restaurant noch bei der privaten Silvesterfeier. Wir sollten das ächten, was junge Menschen ins Unglück stürzt. Kindern und Jugendlichen Alkohol zur Verfügung zu stellen – es ist an der Zeit, dass wir das zum Tabu erklären.

Johannes – Der Säufer

Johannes geht aufs Gymnasium. Das Lernen fällt ihm leicht. Eigentlich braucht er zu Hause nur sehr wenig für die Schule zu tun, obwohl seine Eltern ihn drängen, mehr zu lernen. Aber warum eigentlich? Wenn er dem Unterricht folgt, ist die Sache für ihn gelaufen. Was er einmal in seinem Kopf hat, bleibt dort fest verankert. Zumindest ist Johannes dieser Auffassung. Sein Notendurchschnitt liegt irgendwo zwischen 1 und 2 und das reicht Johannes vollkommen aus.

Johannes ist 16 Jahre alt und seine blonde Mähne fällt ihm bis auf die Schultern. Er trägt gern modische Klamotten und hat sich gerade gegen den Willen seiner Eltern ein Piercing stechen lassen, unterhalb des Mundes. Darauf ist er sehr stolz, scheint es doch seine absolute Unabhängigkeit zu beweisen.

Vor einem Jahr hat Johannes ein Mädchen kennengelernt, mit dem er seit dieser Zeit fest zusammen ist. Obwohl seine Freundin „die zweitgrößte Nervensäge des Mittleren Orients" ist, wie einige seiner Freunde behaupten, ist er doch sehr glücklich mit ihr.

Johannes ist übrigens ein begnadetes Fußballtalent, er hat lange in der Jugendabteilung eines Fußball-Bundesligisten gespielt, aber sein Ehrgeiz hat dann doch nicht gereicht, um die große Karriere auf dem grünen Rasen zu machen. Er war immer und ist auch heute noch trainingsfaul. Und anders als in der Schule kommt man ohne fleißiges Üben und ohne hartes Training im Fußball nicht weiter. In seiner Schule ist er im Sport der Beste, und vor allem ist er der Star der Fußballschulmannschaft.

Das Problem dieses klugen und begabten Jugendlichen liegt auf der Ebene der Selbsteinschätzung: Johannes hält sich bis heute für etwas ganz Besonderes. Manchmal vergleicht er sich mit einem über die Grenzen von Deutschland hinaus bekannten

Fußballstar. Angesichts dessen, was er bislang erreicht hat, wirkt das fast schon ein bisschen größenwahnsinnig. Seine Fußballerkarriere war beendet, bevor sie richtig beginnen konnte, und auch einen Schulabschluss kann Johannes noch nicht vorweisen. Bis zum Abitur sind es immerhin noch zwei Jahre.

Mit Kritik kann der junge Mann einfach nicht umgehen. Immer, wenn die Welt ihn nicht lieb hat, so sieht es Johannes, dann setzt er sich in seinen Lieblingssessel, ein Erbstück von seinem Opa, und verschließt fest die Augen, damit er das Elend nicht sehen muss. „Auf jeden Fall fühle ich mich dann immer ganz mies und alles tut mir weh", so hat er es seiner Freundin einmal beschrieben.

Gerade jetzt durchleidet Johannes wieder eine dieser Phasen von Weltschmerz. Ein früherer Freund, ein Jahr älter als er, mit dem er einige Jahre zusammen in einer Mannschaft Fußball spielte, hat es vielleicht geschafft: Er spielt in der Jugendnationalmannschaft und die großen Fußballvereine sind an ihm interessiert. „Und ich war wirklich immer besser und auch talentierter als er! Wenn er in der Bundesliga Millionen verdient, sitze ich vielleicht noch in der Schule herum und lerne, bis ich hundert Jahre alt bin", grübelt Johannes.

Aber diese Phasen sind auch schnell wieder vorbei. Dann ist er wieder obenauf und kann Bäume ausreißen.

Nur eines ist heute anders: Nach dem Austritt aus seinem Fußballverein lernte Johannes Freunde kennen, die anderen Hobbys nachgingen, als er es bisher kannte. Johannes begann, regelmäßig zu trinken.

Es fing ganz harmlos an: Freunde schenkten ihm eine Flasche Wodka, die er mit „irgendeinem süßen Zeug" mischte. Dann setzte er die Flasche an und leerte sie zur Hälfte. Danach musste er sich zwar übergeben, gehörte aber von diesem Tag an fest zu einer Clique, die sich ein- bis zweimal die Woche sinnlos betrank.

Nach diesen Exzessen fühlt Johannes sich in der Regel total mies und alles tut ihm weh. Seit dieser Zeit machen ihn auch Dinge fertig, über die er früher nur lächeln konnte.

Körperlich ist er in einem schlechten Zustand, zum ersten Mal wurde er sogar durch den Trainer nach der Halbzeit seiner Schulmannschaft ausgewechselt. Das war noch nie vorgekommen. Schon während seiner Zeit im Fußballverein hatte er heimlich geraucht. Jetzt ist es mehr als eine Schachtel am Tag – und das immerhin seit rund drei Jahren. Seine Kondition lässt immer mehr nach.

Auch das regelmäßige Trinken setzt ihm zu, obwohl er das vor sich und seinen Freunden nie zugeben würde. Seine Freundin kann ihm da nicht helfen. Sie trinkt noch mehr als er, und das auch schon, seit er mit ihr zusammen ist. Eigentlich war sie auch der Grund, warum jetzt mit dem Fußball Schluss ist. Sie wollte ihn um sich haben, fast rund um die Uhr. Und da Sandra ein sehr hübsches Mädchen ist, fiel ihm die Trennung vom Leistungssport damals auch nicht schwer. Sie hat eine tolle Figur, langes blondes Haar und sie trägt fast immer teure und modische Kleidung, sehr gern kurze Röcke. Das gefällt Johannes besonders. Ihre Eltern verdienen beide gut und Sandra fehlt es an nichts.

Inzwischen verbringen sie nicht nur die Tage miteinander. Die Eltern von Sandra haben erlaubt, dass Johannes in das Jugendzimmer ihrer Tochter einzieht. Das Haus ist so groß, dass sie oft nicht einmal mitbekommen, ob die Eltern zu Hause oder im Urlaub sind. Das hat Vor- und Nachteile. Finanzielle Sorgen brauchen die beiden sich zwar nicht zu machen, aber seitdem sie wie ein Ehepaar zusammenleben, trinken sie fast täglich Alkohol. Im Kühlschrank stehen Wodka und andere harte Sachen, aber auch Bier und Wein. Und die beiden bedienen sich reichlich. Die Eltern von Sandra bekommen so gut wie nichts davon mit und Johannes war schon seit Wochen nicht mehr zu Hause.

Die Freunde des jungen Paares sind immer wieder bei Johannes und Sandra. Dann geht es so richtig rund. Vor sechs Wochen musste Sandra sogar ins Krankenhaus eingeliefert werden; dort wurde ihr der Magen ausgepumpt. Die beiden hatten zusammen mit ihren Freunden sehr viel Alkohol getrunken. Sandra fand kein Ende und trank Bier, Wein und Schnaps durcheinander. Als sie zusammenbrach und sich übergeben musste, und das alles im Wohnzimmer vor ihren Freunden, rief Johannes den Krankenwagen.

Als die Sanitäter das Haus betraten, wurde Sandra wieder wach und begann sehr heftig zu weinen. Sie hatte wohl einen Schock. Auch Johannes begann in diesem Moment zu schluchzen. „Wenn mit Sandra irgendwas ist, dann ist das meine Schuld." Die Sanitäter nahmen auch ihn mit, und die Party war von der einen auf die andere Minute beendet.

Johannes musste über Nacht und Sandra drei Tag zur Beobachtung im Krankenhaus bleiben. Stolze 1,8 Promille wurden bei Sandra gemessen. Gleich in der ersten Nacht ertönte bei Sandra im Krankenzimmer ein Alarm. Die Krankenschwester, die am Bett saß und Wache hielt, fuhr hoch. Gleichzeitig eilte eine weitere Schwester an das Bett ihrer Patientin. Sandras keuchender Atem hatte ausgesetzt. Doch dank ärztlicher Sofortmaßnahmen konnte sie gerettet werden.

Der Krankenhausaufenthalt war für die beiden Jugendlichen aber keine Lehre. Schon am ersten Tag, an dem sie wieder zu Hause waren, tranken sie ihr erstes Bier. Erstmals fehlte Johannes auch in der Schule.

Nach dem Krankenhausaufenthalt gönnten die beiden sich eine Woche Schulschwänzen. Johannes' Lehrerin rief daraufhin seine Eltern an. Die sind sehr besorgt und wollen jetzt, dass Johannes wieder zurückkommt. Der hat auf sein Elternhaus allerdings überhaupt „keinen Bock". Aber da er noch nicht volljährig ist, muss er wohl oder übel wieder zu seinen Eltern zurück.

Vielleicht findet Johannes ja wieder zu seinen Stärken zurück. Die Schulleistungen sind in diesen Wochen und Monaten konstant geblieben. Das hat wohl eher mit seiner Intelligenz zu tun als mit seinem Lebenswandel. Johannes' Eltern wollen mit seinem früheren Fußballtrainer reden, ob der ihn noch einmal in die alte Fußballmannschaft zurückholt. Dafür muss aber vor allem Johannes seine Einstellung und seinen Lebenswandel ändern. Der Trainer fordert: „Schluss mit dem Alkohol und den Zigaretten."

Ob Johannes das durchhält? Es ist seine letzte Chance.

Interview mit Johannes

Johannes, spielst du im Moment denn wieder Fußball?
Ja, ich bin wieder dabei. Aber meine Jungs von der U-17 trainieren viermal die Woche, und dann kommen an den Wochenenden die Spiele dazu. Die kann ich aber noch nicht mitmachen. Aber ich bin einmal mit nach Hannover zum Spiel gefahren. Jetzt habe ich keine Zeit mehr für meine Freundin und die ist echt sauer. Ob ich das mit dem Fußball durchhalte, kann ich noch nicht versprechen.

Was sagt deine Freundin dazu?
Die will natürlich, dass ich aufhöre. Wir haben uns in den letzten beiden Wochen kaum gesehen und das mit dem Trinken geht auch nicht mehr so einfach. Ich wohne im Moment wieder zu Hause und meine Eltern kontrollieren mich. In der Schule ist es easy. Vielleicht kann ich demnächst zumindest an den Wochenenden bei meiner Freundin schlafen.

Aber wenn du in der Zukunft an den Wochenenden spielen musst?
Dann geht das nicht, klar. Aber ob ich das wieder schaffe? Ich weiß auch nicht, ob ich das wirklich will. Das ist ein ganz schöner Stress. Gestern musste ich beim Training eine Strafrunde laufen,

weil ich eine große Klappe hatte. Und alle haben zugeguckt und gelacht. Vor wenigen Wochen war ich um diese Zeit manchmal schon zugedröhnt. Nach der Schule haben wir immer eine Flasche Bier und ein Glas Wodka getrunken. Und jetzt renne ich wie ein Pferd im Zirkus immer im Kreis. „Schön bescheuert", das hat mir meine Freundin gestern gesagt, als ich ihr von der Strafe erzählt habe.

Gibt es denn keine Mädchen, die Verständnis für den Leistungsdruck in der Schule und auch für das Fußballtraining haben?
Die gibt es sicher, aber Sandra hat nun einmal kein Verständnis dafür. Sie hat schon gedroht, mit mir Schluss zu machen und mit Daniel zusammenzukommen. Die waren früher schon befreundet und er ist immer noch scharf auf sie. Im Moment ist meine ganze Situation Scheiße.

Aber du weißt doch, dass die Beziehung zu deiner Freundin wahrscheinlich nicht für immer hält. Ihr seid beide noch so jung?
Aber Sandra ist echt geil. Die ist viel weiter als die anderen Mädchen aus unserer Klasse. Und sie weiß, was sie will.

Was will sie denn?
Jedenfalls nicht so ein scheiß langweiliges Leben. Die will was erleben. Die nimmt sich einfach, was sie will. Und im Moment will sie mich noch, aber ich habe Angst, dass sie mit mir Schluss macht. Ich rauche kaum noch Gras, habe keine Zeit mehr zum Abfeiern und trinke kaum noch Alkohol. Das lässt sie sich mit Sicherheit nicht mehr lange gefallen.

Aber du weiß doch, dass du später mit dieser Einstellung nichts erreichen kannst.
Wann ist denn später? Wenn ich alt oder tot bin? Ich will jetzt Party haben und nicht, wenn ich ein Opa bin. Ich will maximal so 35 bis 40 Jahre alt werden. Danach ist doch eh nur noch Toten-

tanz angesagt. Das sehe ich doch bei meinen Eltern. Jeden Abend vor der Kiste und einmal in der Woche kegeln. Total langweilig! Dann lieber heute jeden Tag besoffen, und mit 35 Jahren mache ich den Abgang. Aber ich kann es mir halt nicht aussuchen. Als Jugendlicher hat man ja keine Rechte.

Das meinst du alles aber nicht im Ernst?
Klar, Mann, ich mache immer Ernst. Ich laber keinen Scheiß. Wir haben jetzt im Biounterricht durchgenommen, dass wahrscheinlich jedes zweite Mädchen, das heute geboren wird, mehr als 100 Jahre alt wird. Wenn ich mir vorstelle, wie die dann als Horrorgestalten durch die Welt laufen! Das ist ja wie jeden Tag Halloween. Nee, dann lieber 'nen Einzelfahrschein mit 'ner Rakete zum Mars, wenn ich zu alt bin, um abzufeiern. Stell dir das doch echt mal vor, so viele alte Weiber. Da bekomme ich ja Augenkrebs.

Willst du denn dein Abi schaffen?
Das ist in meinen Augen Kinderkacke. Das schaff ich selbst noch mit besoffenem Kopf. Aber was soll ich danach machen? Soll ich Lehrer werden oder in einem Büro arbeiten und so einen anderen Mist lernen? Ich will Party machen. Aber bis zum Abi habe ich ja noch zwei Jahre Zeit und dann bin ich auch 18. Dann kann ich eh machen, was ich will.

Du wirst sicher auch Geld brauchen, um zu leben.
Wenn ich studiere, da habe ich mich schlau gemacht, müssen meine Eltern das berappen. Das ist doch mal voll geil. Und woher sollen die wissen, ob ich dann jeden Tag zur Uni gehe? Aber Junge, das ist mir alles zu weit weg. Ich bin noch jung und freue mich auf alles, was noch so kommt. Meine Zukunft ist mir egal. Ich lebe heute und jetzt. Und alles, was dann kommt, kann ich eh nicht bestimmen. Also, was willst du?!

Karneval – Die Hoch-Zeit der Komatrinker

Da sind sich Deutschlands Großstadtmediziner einig: Die Karnevalstage sind die schlimmsten Tage im Jahr. Vor allem die Innenstadtkliniken in den deutschen Karnevalshochburgen sehen sich zunehmend mit Alkoholvergiftungen bei Minderjährigen konfrontiert. Von Jahr zu Jahr werden es mehr, und vor allem die Schlüsseltage machen der Polizei, den Sanitätern und den Medizinern zu schaffen.

Der Elfte im Elften, Weiberfastnacht, Karnevalssamstag und natürlich der Rosenmontag und Faschingsdienstag sind Tage, die in den Köpfen dieser Berufsgruppen schon lange vorher Horrorszenarien hervorrufen. Vor den Krankenhäusern stehen die Rettungswagen Schlange und liefern die jungen Schnapsleichen ab. Manchmal sind es bis zu 20 Fahrzeuge, die minutenlang warten müssen, um ihre Fracht auszuladen.

Kölner Krankenhäuser haben schon bis zu 200 Kinder und Jugendliche an jedem dieser Tage aufnehmen müssen, fast alle sturzbesoffen und manche zusätzlich mit Verletzungen.

Ein Mediziner sagt: „Die sind kaum ansprechbar, lallen oder krakeelen und übergeben sich, wenn sie bei uns ankommen. Das ist manchmal ein ekliger Job."

Die ersten Kinder werden schon vor 11:00 Uhr morgens eingeliefert. Die haben sich in den vorangegangenen zwei Stunden einer „Druckbetankung" unterzogen, wie es so schön heißt. Oft haben sie dabei einen Alkoholspiegel von weit über zwei Promille. Wohlgemerkt, am frühen Morgen. Und das geht dann den ganzen Tag über weiter. Auf dem Flur der Notfallambulanz werden in dieser Zeit Feldbetten mit Einmaldecken aufgestellt. Natürlich dürfen die Brechschalen nicht fehlen. Die Bewusstlosen, so ein

Mediziner, kommen gleich auf die Intensivstation. Die erreichen manchmal fast drei Promille.

Spitzenreiterin war eine 19-jährige Jugendliche in einem Kölner Krankenhaus, die mit 4 Promille eingeliefert wurde. „Die musste sogar vom Notarzt künstlich beatmet werden", so ein Kölner Arzt. Das war an Silvester.

Natürlich tragen Silvester und der Karneval nicht die Schuld am Verhalten der jungen Menschen. Weitere Schlüsseltage wie Halloween, der 1. Mai und natürlich regionale Veranstaltungen wie Schützenfeste, Kirchweihfeste und das Oktoberfest, das es mittlerweile ja in vielen deutschen Großstädten gibt, sind ebenfalls Gelegenheiten, bei denen bis zu 80 Kinder und Jugendliche mit einer Alkoholvergiftung in die örtlichen Krankenhäuser eingeliefert werden. Hinzu kommen die ganz normalen Wochenenden. Hier müssen die Ärzte in den Ballungszentren bis zu 15 Kinder pro Wochenende behandeln. In den Kliniken merkt man sogar, wenn die Schulferien beginnen. Auch dann steigt die Zahl der Komatrinker deutlich an.

Betroffen sind vor allem die Kliniken in den Großstädten, inzwischen dort sogar die Kinderkrankenhäuser, die zunehmend mit dem Problem der Alkoholvergiftungen konfrontiert werden. Viele der Ärzte sind erschüttert. Sie haben es oft mit Kindern zu tun, die nicht älter als 12 oder 13 sind. Die sind mit 1,2 bis 1,8 Promille einfach umgefallen. Die etwas älteren Jugendlichen, 15 bis 17 Jahre alt, sind oft schon sogenannte Wiederholungstäter, die mehr als zwei Promille aufweisen.

Die Zahl der jugendlichen Komatrinker steigt immer weiter an. Das sehen zumindest die Mediziner in den Notaufnahmen so. Und die Kinder, die in die Krankenhäuser eingeliefert werden, sind nur die Spitze des Eisbergs. Diejenigen, die Glück hatten und rechtzeitig von ihren Freunden nach Hause geschleppt werden, fallen ja überhaupt nicht auf.

Suff als Jugendkultur

Diese Art von Saufgelagen findet fast immer in größeren Gruppen statt. Kaum einer der jungen Menschen betrinkt sich allein zu Hause in seinem Kinderzimmer. Das Komasaufen ist inzwischen bei einem Teil unserer Kids so etwas wie eine eigene Kultur geworden. Es gehört zur Normalität.

Die Mediziner in Deutschland warnen vor allem vor den süßen Mixgetränken. In diesem Mix sind die harten Sachen versteckt, und man bekommt überhaupt nicht mit, was man tatsächlich in sich hineinschüttet. Die Mixgetränke mit hohem Alkoholgehalt sind also tatsächlich lebensbedrohliche Drogen, die in der öffentlichen Wahrnehmung aber überhaupt nicht als solche behandelt werden.

Auch das „Vorglühen", das Trinken auf dem Weg zu einer Party, gehört inzwischen zur Jugendkultur. Man trinkt bei irgendwem zu Hause schon mal vor, um Spaß zu haben, um schneller gut drauf zu sein und auch, um Geld zu sparen – denn im Supermarkt sind die Getränke natürlich preiswerter als in einem Klub.

Aber natürlich trinken auch viele unserer Kinder, um eine innere Leere zu überbrücken. Es sind häufig junge Menschen, denen Lebensinhalte und Ziele fehlen, mit denen sie sich identifizieren können. Natürlich sind auch pädagogische Defizite und fehlende familiäre Bindung ein Grund, zur Flasche zu greifen.

Es gibt inzwischen auch schon eine Verwöhnungs-Verwahrlosung: In vielen Gymnasien wird inzwischen mehr gesoffen als in Hauptschulen.

Unsere Befragung zahlreicher Ärzte und Drogenberater hat gezeigt: Bis ins Koma betrinken sich viele der jungen Menschen nicht unbedingt mit Absicht. Oft sind das einfach nur Unfälle. „Von fünf Kids halten oft vier durch und einer muss in die Klinik", sagt ein Arzt aus Köln.

Die meisten der Kids wachen dann in einem Krankenhaus auf und schämen sich gegenüber dem Personal. Kommt man zurück in die Gruppe, wird allerdings auch mit dem jüngsten Exzess angegeben. Oft gelten die Kids als besonders cool, die wenigstens schon einmal mit einer Alkoholvergiftung in einem Krankenhaus gelegen haben.

Die Eltern spielen die Probleme ihrer Kinder oft herunter und reden sie klein. Vätern und Müttern, die selbst viel trinken, fehlt oft die Einsicht, dass sie etwas für ihre Kinder tun müssen.

Die Rolle der Politik

Unser Land ist das Reich eines mächtigen Königs und dieser König heißt Alkohol. Er kann heiter oder finster sein. Die Heiterkeit ist oft nur Fassade, dazu angetan, um zu diesem König Vertrauen zu fassen – und dann zeigt er mehr und mehr seine finsteren Züge.

Warum nur ist König Alkohol so mächtig? Schauen wir uns die politische Arena an, so scheint es, dass sich diesem Herrscher niemand ernsthaft entgegenstellen möchte.

Im Kampf gegen den Alkohol fordern zum Beispiel immer mehr Fachleute drastische Steuererhöhungen, vor allem für die harten Getränke, aber passiert ist bisher nur sehr wenig. Woran liegt das? Regiert in Berlin etwa die Alkohollobby? Hin und wieder preschen einzelne Politiker vor und wollen bei Hochprozentigem an der Steuerschraube drehen. Im Oktober 2010 war das etwa der FDP-Wirtschaftsexperte Paul Friedhoff – aber der wurde von seiner eigenen Fraktion und auch der Unions-Bundestagsfraktion abgebügelt. Die ehemalige FDP-Fraktionsvorsitzende Birgit Homburger nannte den Vorstoß „eine Einzelmeinung". Vielleicht hat sie recht, wenn sie das auf die in den Parlamenten sitzenden Politiker bezogen hat.

In der Bevölkerung scheint uns die Stimmung schon anders zu sein. Die vielen Artikel in den Zeitungen zu dem Problem haben für einen Meinungsumschwung gesorgt.

Wie viel kassiert eigentlich der Staat durch die Trinker in Deutschland?

Der Fiskus verdient am Alkoholgenuss der Verbraucher gut mit und zu den Verbrauchern zählt natürlich auch die Nachwuchsabteilung unserer Alkoholtrinker. 3,3 Milliarden Euro hat der Staat 2009 durch Steuern auf alkoholische Getränke eingenommen. Dazu zählen Bier, Wein, Sekt und natürlich Schnaps.

Die Einnahmen aus der Alkoholsteuer gehen aber seit einigen Jahren stetig zurück. 1991 lagen sie noch bei 4,3 Milliarden Euro. Davon ist die Branntweinsteuer der dickste Brocken, 2,1 Milliarden Euro. Aus der Biersteuer wurden 730 Millionen Euro eingenommen. Das Biersteueraufkommen fließt übrigens den Ländern zu, alle anderen Einnahmen fließen in die Bundeskasse.

Aber das ist noch nicht alles: Unser Staat unterstützt sogar die deutschen Schnapsbrenner! Für die gab es Ende 2010 eine gute Nachricht: Sie werden noch bis Ende 2017 mit öffentlichen Mitteln subventioniert. Ohne diesen Nachschlag wäre das Branntweinmonopol in Deutschland am 31. Dezember 2010 ausgelaufen. Zurzeit gibt es im Land rund 22.000 Klein- und Obstbrennereien sowie rund 670 landwirtschaftliche Kartoffel- und Getreideverschlussbrennereien. Derzeit erhalten alle Brennereien zusammen bundesweit jährlich immerhin rund 100 Millionen Euro an Subventionen. Und das zu Regierungszeiten der FDP, die seit vielen Jahren den Kampf gegen jede Form der Subvention auf ihre Fahnen geschrieben hat.

Dieses Monopol stammt übrigens noch aus Weimarer Zeiten. Es verpflichtet den Staat, den Brennereien den Alkohol zu einem bestimmten Preis abzunehmen, ihn zu reinigen und auch noch zu vermarkten. Das muss man sich einmal vorstellen! Der so übernommene Rohalkohol, das sind stolze 60 Millionen Liter im Jahr, wird zu hochprozentigem Neutralalkohol aufbereitet.

Und wer kauft das Zeug? Hauptabnehmer ist neben den Lebensmittel-, Kosmetik- und Heilmittelherstellern natürlich die Spirituosenindustrie. Diese Verknüpfung ist den wenigsten überhaupt bekannt. Der deutsche Staat kauft allen Schnapsbrennern ihren Alkohol ab und sichert ihnen damit ihre Existenz.

Wir haben in unserem Land nahezu so etwas wie verbeamtete Schnapsbrenner! Das ist eigentlich ein Skandal.

Einerseits wollen wir gegen den Alkoholmissbrauch ankämpfen, dem vor allem immer mehr Kinder und Jugendliche zum Opfer fallen, und andererseits fördern wir die Existenz von Schnapsbrennern mit Steuergeldern.

Damit nicht genug: Die Behörden kaufen außerdem den Schnaps zum garantierten Festpreis ab und der liegt weit über dem üblichen Marktpreis. Dieses Gesetz hat mit den Regeln der heutigen Marktwirtschaft nichts mehr zu tun.

Machen wir an dieser Stelle einen Kurzausflug zu den Rauchern, deren Sucht ebenfalls staatlich gefördert wird. Auch die Tabakbauern brauchen sich um den marktwirtschaftlichen Wettbewerb kaum zu kümmern. Sie erwirtschaften mit ihren Tabakblättern rund 40 Millionen Euro im Jahr. Davon kommen allein 35 Millionen Euro aus dem Subventionstopf, also Steuergelder.

Bringen wir es auf den Punkt: Das Rauchen und Saufen wird durch Steuergelder mitfinanziert! Wir alle, also die Steuerzahler, finanzieren den jungen Rauchern und Trinkern mit Steuergeldern ihr zweifelhaftes Hobby.

Hier kann man schon von einem Subventionsirrsinn sprechen. Über diesen Irrsinn wird in der Öffentlichkeit allerdings nur alle paar Jahre diskutiert – und das auf absoluter Sparflamme.

Deutschland ist übrigens das einzige Land in der EU, das seine Schnapsbrenner direkt subventioniert. Der Druck der anderen europäischen Länder auf Deutschland wird aber immer größer. Die EU will Deutschland zwingen, mit diesem Wahnsinn aufzuhören. Doch das ist nicht so einfach, denn jede Subvention finanziert ein ganzes Biotop von Profiteuren. Dazu gehören die Politiker, natürlich die Empfänger des Geldes (also die Schnapsbrenner) und, nicht zu unterschätzen, auch die Beamten, die sich ja eine neue Existenzberechtigung geschaffen haben. Man nennt so etwas in Fachkreisen „Subventionitis". Und wer einmal Fördergelder kassiert, dem nimmt man sie auch so schnell nicht wieder weg.

Im Laufe der Jahre entsteht so etwas wie eine Zweckfreundschaft zwischen den Behörden und den Unternehmern. Manchen

Beamten sind die Schnapsbrenner näher als der Bundeshaushalt. Der Bund macht jährlich Schulden wie noch nie, auf der anderen Seite leistet er sich widersinnigste Subventionen und Subventionsformen. Manche machen Sinn, aber vieles ist eben Unsinn, mit einem Wort: eine Schnapsidee.

Alkoholmissbrauch als Wirtschaftsfaktor

Natürlich sollte sich die Politik auch um die Folgen des übermäßigen Alkoholkonsums sorgen. Jede zehnte Krankenhausbehandlung bei Erwachsenen in Deutschland ist auf die schädliche Wirkung von Alkohol und Tabak zurückzuführen[16]. Auf diese beiden größten Suchtmittel entfällt auch jeder zehnte für die Krankenhausbehandlung ausgegebene Euro. Die Kosten für die Behandlung der Raucher und Trinker Deutschlands belaufen sich jährlich auf 4,9 Milliarden Euro.

Experten haben übrigens auch nachgewiesen, dass Patienten, die durch Tabak oder übermäßigen Konsum von Alkohol erkrankt sind, länger im Krankenhaus liegen als alle anderen.

Alkohol und Tabak sind außerdem für zahlreiche Herz-Kreislauf-Erkrankungen und Krebserkrankungen mitverantwortlich. Viele Erkrankungen wären vermeidbar, wenn die Menschen auf Risikofaktoren wie Zigaretten und Alkohol komplett verzichten würden.

Deutschland hat im internationalen Vergleich eine überdurchschnittlich hohe Rate an Rauchern und an Menschen mit einem riskanten Alkoholverbrauch. Bei den Frauen sind es 5,4 Prozent, die täglich mehr als 20 Gramm reinen Alkohol trinken. Bei den Männern, die bekanntlich mehr vertragen, konsumieren 22 Prozent der über 25-Jährigen mehr als 30 Gramm reinen Alkohol am Tag.

Rechnet man die jungen Komasäufer dazu, müssen wir uns in diesem Land wirkliche Sorgen um die Zukunft machen. Hier kann und muss die Politik gegensteuern. Scheinmaßnahmen, um die Öffentlichkeit zu beruhigen, sind eindeutig zu wenig. Wir brauchen schärfere Gesetze und deutliche Steuererhöhungen auf alkoholische Getränke. Es kann doch nicht sein, dass wir mit staatlichen Subventionen Kinder zum Alkoholkonsum verführen, um dann erneut mit staatlichen Geldern zu versuchen, sie wieder auf die rechte Bahn zurückzuführen!

Ist der Staat der größte Dealer in unserem Land? Er ist zumindest ein großer Profiteur.

Der Staat verdient am Verkauf von alkoholischen Getränken und Zigaretten sehr viel Geld. Die illegalen Drogen werden, sicher zu Recht, verteufelt und die legalen Drogen, wie Tabak und vor allem Alkohol, werden staatlich gefördert. Auch die vielen Todesfälle, die durch den Konsum von Zigaretten und Alkohol jeden Tag zu beklagen sind, haben bisher am Verhalten der Politik kaum etwas verändert.

Konkrete Verbesserungsvorschläge haben wir im Kapitel „Was jetzt zu tun ist" zusammengefasst. Angesichts der Lebenssituation der „Generation Wodka" fragen wir uns: Was muss noch passieren, damit der Bundestag und die Landesparlamente endlich eingreifen?

Julian – Saufgelage in der Oberschicht

Julian saß, die Kopfhörer in den Ohrmuscheln versenkt, eine halb volle Flasche lauwarmes Bier in der Hand, in dem schaukelnden Bus über die Dörfer auf dem Weg zu einer Party. Der gelangweilte Blick des 14-Jährigen lag völlig abwesend auf den grauen Feldern, die langsam an den Fenstern vorbeizogen. Hier und da lagen noch dreckige Schneereste auf den Feldwegen. Die Straßen waren in einem schlechten Zustand, und die Stöße, verursacht durch die zahlreichen Schlaglöcher und Flickstellen, ließen das restliche Bier in der Flasche hin und her schaukeln und entlockten dem Inhalt die letzte Kohlensäure.

Der Bus verlangsamte seine Fahrt, um an einer entlegenen Haltestelle einen weiteren Fahrgast aufzunehmen. Ein Mann mittleren Alters, einfach gekleidet, stieg ein, seinen altersschwachen, verfilzten Mischlingshund hinter sich herziehend. Beide nahmen zwei Reihen vor Julian Platz, der nur vage Notiz von dem Fahrgast und seinem Vierbeiner nahm. Seine einzige Bewegung war ein kurzer Schluck aus der Flasche mit dem schalen Bier. Es schmeckte scheußlich, aber das war ihm vollkommen gleichgültig. Der Geschmack war ihm schon lange vertraut.

Wenn er nachmittags mit seinen Kumpels in dem Wartehäuschen an der Hauptstraße herumlungerte, tranken sie regelmäßig einige Biere, aus Kostengründen selten mal was anderes. Auch würden seine Eltern eine übermäßige Alkoholfahne sicherlich nicht tolerieren. Der Biergeruch war dank Fruchtbonbons und stark aromatisierter Kaugummis gut in den Griff zu bekommen.

Es gab in der Gegend, in der er mit seinen Eltern und seinen zwei jüngeren Geschwistern lebte, nichts, was das Leben aus seiner Sicht interessant machte. Waren keine Kumpels anzutreffen, verstrichen die Nachmittage vor dem Computer. Hin und wieder wurde er von seinem 5 Jahre jüngeren Bruder oder der 4-jährigen Schwester unterbrochen mit der Frage, ob er mit ihnen spielen würde. Nur selten konnte er sich mit seinen 14 Jahren dafür begeistern, mit ihnen herumzutollen, meist hatte er einfach keinen Bock oder keine Zeit.

Die Eltern gingen arbeiten, um das alte Haus abzubezahlen und den Lebensunterhalt für die Familie heranzuschaffen. Das Leben wirkte auf den Jugendlichen eintönig und Highlights wie Urlaube oder Wochenendausflüge waren selten genug.

Die Kindergeburtstage wurden zwar gefeiert, doch meist ohne großes Aufsehen und Geschenke. Bei den jüngeren Geschwistern gaben sich die Eltern noch ein bisschen mehr Mühe, aber auch das wurde mit zunehmendem Alter der Kinder weniger. Die Wohnung erhielt keinen Geburtstagsschmuck mehr, Verwandte kamen nur in Form der Oma, und das meist ein Wochenende später. Dafür ging es dann mit den kleinen Gästen zu McDonald's. Das war praktisch und lag kostenmäßig im Rahmen, fanden die Eltern.

Zu seinem letzten Geburtstag war Julian gemeinsam mit seinem Vater und einigen Freunden seiner Klasse zum Bowlen gegangen. Das war eigentlich ganz cool gewesen. Der eine oder andere meckerte zwar hinter vorgehaltener Hand über die fehlenden Getränke, aber eigentlich hatte das der Stimmung keinen Abbruch getan. Es ging eben nicht, in Anwesenheit von Erwachsenen Alkohol zu trinken. So hatte Julian es auch gelernt. Seine Eltern wollten das nicht, zumal das Jugendschutzgesetz den Konsum von Alkohol in seinem Alter untersagte.

Der Bus kam ruckend im Wendekreis eines Außenbezirks von Berlin zum Stehen – Endstation. Langsam erhob sich Julian. Der Mann mit dem Hund war bereits ausgestiegen und bummelte langsam zur benachbarten Straßenbahnhaltestelle. Am Kiosk gegenüber war wenig Betrieb; drei Männer, denen das Leben offenbar schon einiges an traurigen Erfahrungen mitgegeben hatte, standen an einen speckigen Stehtisch gelehnt und tranken Bier. Auf dem Tisch standen einige leere kleinere Schnapsflaschen.

Julian stieg aus und streckte sich, dann machte er sich zügigen Schrittes auf den Weg zu Steven. Die Bierflasche hatte er achtlos an seinem Sitzplatz stehen lassen. Bei der Rückfahrt des Busses würde sie irgendwann umkippen und den Rest des Inhalts auf dem Boden des Fahrzeugs verteilen. Der Busfahrer würde sich ärgern. Julian war das egal.

Steven wohnte mit seinen Eltern am Rand der Hauptstadt in einem schmucken Einfamilienhaus. Die Eltern waren beruflich sehr erfolgreich. Im Stillen beneidete Julian seinen Klassenkameraden. Der hatte es irgendwie gut. Zweimal im Jahr flogen sie in den Urlaub. Im Sommer ging es mit dem Flieger regelmäßig für drei Wochen über den Atlantik und im Winter fuhr man in schicke Skiorte in die Schweiz oder Frankreich. Geschwister hatte Steven keine, dafür jede Menge cooler Dinge. Das neueste iPhone lag beim letzten Weihnachtsfest zusammen mit dem aktuellsten Modell eines Spielecomputers unter dem Weihnachtsbaum. Überhaupt waren die meisten seiner Kumpels finanziell besser gestellt als Julian.

Die Schule war die einzige Abwechslung in Julians Alltag, wenn auch aus seiner Sicht total unattraktiv. Seine Noten waren fast immer sehr bescheiden. Mühe gab er sich keine und mit den meisten Lehrern kam er nicht klar. Nur einige Kumpels in seiner Klasse waren aus seiner Sicht okay. Ein paar Mädchen fand er nicht übel, aber Interesse an einer festen Freundin hatte Julian bisher noch nicht gehabt.

Der Junge hatte nur noch wenige Minuten zu gehen. Die Dunkelheit brach herein und das schummrige Tageslicht wurde von den aufleuchtenden Straßenlampen verschluckt. Jetzt fing es auch noch an zu nieseln. Hoffentlich wurde der Regen nicht stärker und durchnässte ihm seine guten Klamotten. Schließlich wollte er gut gestylt aussehen. Er nahm die Ohrstöpsel raus, schaltete die Musik aus und verstaute die Beschallungsanlage in den Taschen seines Kapuzenpullis.

Kaum drei Minuten später stand er vor dem Einfamilienhaus, in dem sein Freund lebte. Das Haus und der Vorgarten erstrahlten im sanften Licht der perfekt abgestimmten Außenbeleuchtung. Julian drückte etwas zurückhaltend auf den großen Klingelknopf neben einem polierten Messingschild mit dem Namen seines Freundes an dem Pfeiler neben der Eingangsforte.

Der Sucher der Kamera hatte ihn schnell erfasst. Die Haustür öffnete sich und ein Mädchen aus der Parallelklasse öffnete die Tür. Julian wich ein wenig zurück. Dass er Mandy hier treffen würde, hatte er nicht erwartet. Die war echt süß. An der Haustür begrüßte sie ihn: „Hey, komm rein, sind schon viele da. Ach, du Armer, bist ja ganz nass, regnet es draußen?"

Das Haus war groß und gemütlich eingerichtet, fand Julian. Einmal war er schon kurz hier gewesen, als Steven einen Infekt gehabt und er angeboten hatte, ein paar Schulunterlagen vorbeizubringen. Damals war er nur bis in die Eingangshalle gekommen, die Putzfrau der Familie hatte ihm die Sachen dort abgenommen. Steven war damals wohl gerade beim Arzt.

„Komm rein, du Nasser", forderte Mandy ihn mit einem gekonnten Augenaufschlag auf, worauf sein Herz sofort einen Gang zulegte.

Im Wohnzimmer angekommen stach ihm eine riesige Sitzlandschaft aus weißem Leder ins Auge, die den Raum dominierte. Daneben gab es schöne antike Möbel und überhaupt war alles sehr geschmackvoll eingerichtet. Das Licht empfand er als angenehm warm, die gemütliche Atmosphäre hüllte ihn ein. Aus einer teuren Musikanlage schallte mittelmäßig laute Rapmusik mit satten Bässen. Der Sound war so genial abgestimmt, dass man meinte, die Musik sei für Gespräche einen Ticken zu laut. Aber man konnte sich dabei unterhalten, ohne schreien zu müssen.

Julian begrüßte jeden seiner Kumpels mit Handschlag. Die Mädchen saßen am Rand der Sofalandschaft und lachten schallend über einen Witz. Von irgendwoher bekam er ein Bier in die Hand gedrückt, und erst jetzt fiel ihm auf, dass fast alle eine Bierflasche in der Hand hielten.

Kurze Zeit später meldete sich Steven zu Wort. „Ey, Leute, voll geil, dass ihr alle hier seid! Jetzt lasst uns das letzte Schulhalbjahr gebührend abschließen, so wie wir das abgemacht haben. In der Küche gibt es genug zu essen und zu trinken für alle, also los, ran an den Speck."

Er öffnete eine breite Tür. Auf dem großen Küchentisch drängten sich Platten mit Fisch und Fleisch, Salate und Desserts in beeindruckenden Mengen. Auf den Arbeitsplatten der Einbauküche stapelte sich sauberes Geschirr und neben dem raumhohen Kühlschrank aus Edelstahl standen die Getränke. Von Wasser mit und ohne Kohlensäure über Säfte verschiedener Art und Softdrinks in bunten Farben war fast alles im Übermaß vorhanden.

„Bier und anderes Saufzeug steht im Kühlschrank und, guys, übertreibt es nicht", kam die Stimme von Julian von irgendwoher.

Die meisten der Gäste, mittlerweile 40 an der Zahl, drängten sich um die Köstlichkeiten, die auf dem Tisch lagen. Julian sowie zwei Jungen und ein Mädchen öffneten, scheinbar zusammen, die gewaltige Tür des Kühlschranks. Die Farben der Flaschenetiketten und der Inhalt der Flaschen strahlten in allen Regenbogenfarben im Licht der Innenbeleuchtung des Kühlmonsters. Die Entdecker der Getränke registrierten den Überfluss und die gigantische Auswahl alkoholischer Getränke mit Staunen. Das Mädchen griff mit Begeisterung nach einer Flasche mit buntem, prickelndem Inhalt und gesellte sich gleich wieder zu ihren Freundinnen im Wohnzimmer. Julian und die beiden anderen Jungen nahmen sich ein weiteres, aber diesmal kühles Bier.

Anfangs waren die Mädchen und Jungen jeweils unter sich, im Laufe der Zeit aber ließ die freiwillige Trennung der Geschlechter sichtbar nach. Hier und da zog sich ein Pärchen zurück, um sich näherzukommen. Julians Blick suchte immer wieder Mandy. Er hatte schon einmal während einer Schulpause mit ihr geredet, aber nur belangloses Zeug. Wenn er mal mit Freunden ins Kino ging, waren selten Mädchen mit dabei. Höchstens mal die Freundin eines seiner Kumpels.

❖

Im Laufe des Abends wurde es immer lauter, die aus der Küche herbeigeschafften Sachen wechselten von fester zu flüssiger Nahrung. Waren es anfangs Gläser mit bunten Brausen und Saft, veränderte sich der Inhalt der Gläser in Richtung Bier, auch Sektflaschen wurden geöffnet. Anfangs trank man noch aus Gläsern, später wanderten die Flaschen mit den schärferen Getränken von Hand zu Hand, von Mund zu Mund. Die Luft in den Räumlichkeiten wurde immer schlechter. Fast alle Gäste hatten eine Zigarette in der Hand oder im Mund, auch der eine oder andere Joint machte die Runde.

Mit der Zeit kam es Julian so vor, als würde der Raum immer voller. Er hatte das Gefühl, einige der Gäste überhaupt nicht zu kennen. Das konnte aber nicht sein.

Mittlerweile war es kurz vor Mitternacht. In einer Ecke hockten zwei von Julians Freunden mit ein paar anderen Jungs, die reihum kleine Schnapsfläschchen um die Wette leer tranken. Der Aufdruck auf dem viereckigen Pappkarton wies die süffige Flüssigkeit als Partystimmungsmacher aus. Die Stimmung auf der Feier wurde auch tatsächlich immer besser, wenn man den Alkoholkonsum der anwesenden minderjährigen Gäste als Messlatte nehmen konnte.

Julian und einige der anderen beobachteten das Wetttrinkspiel. Plötzlich versuchte einer der Mitspieler aufzustehen und verkündete grölend: „Oh Mann, ist mir schlecht, ich muss mal kotzen." Er schaffte es gerade noch rechtzeitig auf die Toilette.

„Ey, macht doch mal richtig Party hier", ließ sich Steven vernehmen. „Wie wäre es mal mit was Handfestem – und männermäßigen Mengen?" Er brachte drei Flaschen Wodka. „Wir machen das so", erklärte er, „wir mischen den Wodka mit Brause. 80 bis 90 Prozent Wodka, den Rest Brause, dann ist der Geschmack erträglicher. Wir fangen mit einer kleinen Menge an. Der Mix muss in einem Zug ausgetrunken werden. Danach auf einem Bein hopsend bis ans Ende des Zimmers und einmal in die Hände klatschen."

Er ging kurz in die Küche und kam mit einem großen und einem kleinen Messbecher zurück. Es fand sich aber auf Anhieb keiner unter den Jungs, der mit der Mindestmenge den Anfang machen wollte. Als Erstes meldete sich ein Mädchen, das Julian nicht so gut kannte. Der Wodka mit bunter Brause prickelte lautlos vor sich hin. Mit einem Ruck hob sie das Gefäß, und ehe einer der Umstehenden bis drei zählen konnte, war der Inhalt im Magen des Mädchens verschwunden. Sie verzog dabei nicht einmal das Gesicht.

Die nächste Menge bestand dann schon aus einem 100-Milliliter-Mix und wieder wollte zuerst keiner der Jungs mitmachen. Julian meldete sich freiwillig und auch ihm bereitete das süße Getränk keine große Mühe.

„Ey, ich will auch mal", kam es jetzt mit mehr Mut aus anderen Ecken. So fanden sich schnell weitere drei Kandidaten.

Steven kam in Fahrt: „Leute, ich sag euch: Wer am meisten verträgt, wird mein bester Kumpel und erhält 500 Euro. Die habe ich meinen Alten aus dem Tresor geklaut."

Niemand zweifelte an der Ernsthaftigkeit dieses Angebotes. So nahm der Wettbewerb seinen Lauf. Die Zahl der Mitspieler stieg rasant an, um dann mit fortschreitender Zeit und steigendem Alkoholpegel wieder abzunehmen. Ein paar Gäste, die an dem Spiel nicht teilnahmen, betätigten sich als Fans und feuerten die Kandidaten an. So bildeten sich immer kleine Fanblocks um einen Kandidaten, bis dieser ausstieg ... oder aussteigen musste. Handys wurden gezückt, es wurden Fotos gemacht und kleine Filme gedreht, um die manchmal hilflosen Posen der Betrunkenen festzuhalten. Auch „Unfälle und Stürze" wurden dokumentiert und mit derben Zwischenrufen und Applaus bedacht.

Nach zwei Stunden und ungezählten Flaschen waren nur noch vier Jungen übrig, die erstaunlich viel vertrugen. Niemand stellte fest, dass ausgerechnet der Gastgeber Steven nicht an dem Besäufnis teilnahm. Er übernahm, zusammen mit einem aufgedrehten Mädchen, das er zwischendurch immer wieder heftig abknutschte und befummelte, das Mixen und Abfüllen der Cocktails.

Julian war der Nächste. Nur mit Mühe hielt er sich noch

aufrecht. Es ging schon lange nicht mehr nur um das Preisgeld. Er wollte seinen Kumpels imponieren, er wollte ihnen zeigen, was er draufhatte. Er nahm den Becher und würgte mehr, als dass er trank. Dann wankte er, sich an einigen Gegenständen abstützend, zum Ende des Zimmers. Sein Kopf explodierte, der Inhalt seines Magens ergoss sich unkontrolliert aus seinem Mund und spritzte gegen die Panoramascheibe der Terrassentür.

„Oh Scheiße", lallte er und versuchte zu erfassen, was mit ihm geschehen war. Mit den Armen herumgestikulierend verlor er das Gleichgewicht und stürzte. Ein ohrenbetäubender Knall ließ bis auf die Musikanlage alle anderen Geräusche verstummen.

Julian war durch die Scheibe gefallen. Es wurde Nacht um ihn.

Zeitgleich lag im Nachbarhaus das Ehepaar Carsten und Tanja Baumann im Bett. Beide waren Ende 30 und seit gut 15 Jahren miteinander verheiratet, inzwischen Eltern von zwei Vorschulkindern. Carsten hatte einen Job als Schichtarbeiter in einem Krankenhaus und ärgerte sich seit mehr als zwei Stunden über den Lärm von nebenan. Er stand kurz davor, die Polizei zu rufen. Tanja versuchte, ihren Mann zu beruhigen. Der wälzte sich im Bett hin und her und konnte nicht schlafen und der Frühdienst würde ihn bald aus dem Bett zwingen.

„Gut, dass die Kinder bei dem Lärm nicht wach-", bevor er den Satz zu Ende sprechen konnte, vernahm er den Knall, den eine große Scheibe von sich gibt, wenn sie in tausend Scherben zerspringt.

„Jetzt reicht's mir aber, die haben wohl nicht mehr alle Latten am Zaun!" Mit einem Satz sprang Carsten aus dem Bett und stand in wenigen Sekunden fertig in Jeans und T-Shirt vor der Terrassentür. Auf dem Weg nach draußen hörte er noch, dass seine Frau Tanja offenbar ebenfalls aufstand. Er verließ das Haus, schlüpfte durch die weiche junge Thuja-Hecke und rannte über nachbarlichen Rasen und Beete auf die hell erleuchtete Terrasse zu.

Dort standen viele laut diskutierende betrunkene Personen auf der Terrasse, die ihm die Sicht versperrten. Nur noch wenige schnelle Schritte und er scheuchte die Gäste der Party auseinander.

„Was ist denn hier los?", brüllte er die jungen Gaffer an. Dabei verlor er fast die Beherrschung. Das Bild, das sich ihm bot, war schrecklich. Vor ihm lag regungslos, fast schon unnatürlich verdreht, ein Teenager in einem Meer von Glasscherben auf dem unteren Rahmenteil des großen, zerstörten Fensters. Er rührte sich nicht.

Ein Mädchen mit braunen Haaren hockte verstört neben dem Jungen und stieß immer wieder mit leicht lallender Stimme den Namen des Jungen hervor: „Julian, Julian, Julian", mehr kam ihr nicht über ihre Lippen. Tränen waren auf ihren Wangen zu sehen und ihre Gesichtszüge nahmen mit jedem Herzschlag weiter den Ausdruck absoluter Hilflosigkeit an. Keiner der Umstehenden leistete Erste Hilfe. Nur dumme Kommentare waren zwischendurch zu hören. Der Alkohol sorgte dafür, dass so mancher Partygast den Ernst der Lage nicht verstand.

Carsten Baumann reagierte umgehend. „Hat jemand einen Arzt gerufen?" Keiner antwortete. Plötzlich bemerkte er, dass sich unter dem Körper des Jungen eine Blutlache ausbreitete, die immer größer wurde.

„Carsten, bist du da drüben, was ist passiert?", hörte Baumann seine Frau rufen.

„Schnell, ruf einen Notarzt, ein Junge ist durch die Scheibe gekracht und blutet aus einer Wunde am Oberschenkel!" Er wusste, er konnte sich auf seine Frau verlassen. „Los, helft mir, wir müssen ihn in eine stabile Seitenlage bringen", schrie er die Kids an. Keiner der Umstehenden reagierte, also hob er mit aller ihm möglichen Vorsicht den Jungen allein auf und trug ihn ins Wohnzimmer.

Der Anblick, der sich ihm bot, konnte mit jeder Dokumentation aus dem Fernsehen über das moderne Partyleben der Teeniegeneration mithalten. Chaos, wohin man auch schaute;

Flaschen, dreckiges Geschirr, Reste von verschütteten Getränken und immer noch die wummernde Musik. Der Geruch von Alkohol und Zigarettenqualm war durchsetzt mit dem Gestank von Erbrochenem.

Mit einem Blick stellte Carsten Baumann fest, dass sich ein dolchartiger Splitter in den Oberschenkel des Jungen gebohrt hatte. Schnell entschlossen riss er die Tischdecke vom Couchtisch herunter, sodass die darauf stehenden Flaschen und Gläser herunterfielen. Er zerriss es in zwei Streifen, und mit geübtem Griff band er Julian den Oberschenkel ab.

Inzwischen löste sich die Partygemeinschaft auf. Die ersten Gäste verließen den Unfallort und machten sich still und leise auf den Heimweg. Der Gastgeber saß vor dem Kühlschrank und öffnete eine Flasche Bier.

Das Mädchen von der Terrasse stand wie versteinert neben Carsten Baumann. „Wie heißt du?", fragte Baumann das Mädchen.

„Mandy."

„Ist das dein Freund?"

„Nein."

Er bat sie, einen Eimer oder eine Schüssel nebst sauberem Handtuch zu organisieren, um Julians Gesicht zu säubern. Mandy machte sich etwas zögerlich auf den Weg. Das Bad bot einen grauenvollen Anblick. Das Waschbecken war vollgekotzt und auch die Stehpinkler hatten unübersehbare Spuren hinterlassen. Der Gestank war fast unerträglich. Trotzdem gelang es Mandy unter Aufbietung aller Widerstandkräfte, einen sauberen Eimer und ein Handtuch zu finden.

Auf dem Rückweg ins Wohnzimmer hörte Mandy die Sirene des Rettungswagens. Sie sah Carsten Baumann an, dessen Gesichtsausdruck sich mit einem Schlag ganz komisch veränderte. Der Mann begann leicht panisch mit einer Herzmassage. Der Kreislauf des Jungen war zusammengebrochen.

„Schnell, macht die Tür auf und lasst die Rettungssanitäter herein, der Zustand des Jungen wird immer schlechter."

Dann ging alles sehr schnell. Zwei Sanitäter stürmten das

Wohnzimmer, checkten innerhalb weniger Sekundenbruchteile die Lage und nahmen sich des Verletzten an. „Mensch, Baumann, was machst du denn hier?", meinte einer der beiden zu Carsten Baumann.

„Ich bin nur der Nachbar und fange in drei Stunden meinen Dienst im Krankenhaus an", antwortete er.

Der Herzschlag des Jungen kam wieder in Gang und nach 20 Minuten Notversorgung wurde Julian ins Krankenhaus transportiert. Carsten Baumann verließ den Ort, an Schlaf war nicht mehr zu denken. Die Gäste hatten sich fast alle heimlich verdrückt oder saßen seltsam abwesend in einer Ecke des Hauses.

Julian kam im Krankenhaus wegen seiner lebensbedrohlichen Oberschenkelverletzung sofort in den OP-Saal. Die Ärzte mussten lange um sein Leben kämpfen. Neben der schweren Wunde hatten die Mediziner auch eine Alkoholvergiftung festgestellt.

Das Erste, was Julian nach zwei Tagen Bewusstlosigkeit wahrnahm, war warmes Sonnenlicht, das auf seine Bettdecke fiel – und das Piepsen von irgendwelchen Apparaten. Er konnte sein verletztes Bein nur mühsam bewegen. Irgendeine Erinnerung an den Unfall hatte er nicht.

Er brauchte mit der anschließenden Reha etliche Wochen, bis er wieder auf den Beinen war. Als er wieder zu Schule ging, war die Schulpraktikumszeit vorbei. Die Stelle hatte natürlich inzwischen ein anderer. Und noch etwas bedrückte Julian: Die ersten SMS-Nachrichten, die er wieder lesen und verstehen konnte, enthielten zwar kurze Genesungswünsche, dafür aber auch zahlreiche Links zu YouTube, Facebook und anderen Internetplattformen.

Was er da zu sehen bekam, schockierte ihn zutiefst: Der Saufwettbewerb und auch sein Fenstersturz waren dort in allen Einzelheiten zu sehen und wurden häufig angeklickt. Er war für einige Zeit der Star im Internet.

Der Kontakt zu seinem Freund Steven brach nach wenigen Monaten völlig ab. Julian wechselte auch die Schule. Er mochte die Gesichter seiner ehemaligen Freunde nicht mehr sehen.

Die einzige erfreuliche Entwicklung für ihn ist, dass er jetzt mit Mandy geht. Trinken wollen die beiden nicht mehr. Das haben sie einander versprochen.

Interview mit einem Komatrinker

Kevin, 13 Jahre, wurde im September 2010 in ein Berliner Krankenhaus eingeliefert. Passanten riefen gegen 22 Uhr die Polizei. Kevin lag mit 1,9 Promille bewusstlos am Rand eines Brunnens auf dem Berliner Alexanderplatz.

Kevin, was ist eigentlich an dem Tag mit dir passiert?
Ich bin den ganzen Nachmittag und auch noch am Abend mit einigen Kumpels und zwei Freundinnen unterwegs gewesen. Ein älterer Kumpel hat am Bahnhof Bier und Wodka und anderen Schnaps gekauft. Wir haben Musik gehört und miteinander geredet. Ich habe dann abends auch noch ein Mädchen getroffen, die war mit zwei Punks unterwegs. Die Zeit ist wahnsinnig schnell vergangen. Ich habe sehr viel getrunken, alles durcheinander. Ich weiß noch, mir wurde schlecht, und dann bin ich wohl zusammengeklappt. Genau weiß ich das nicht mehr.

Machst du so etwas öfter?
Ja, hin und wieder schon. Ist mir aber gar nicht so vorgekommen, als ob ich zu viel getrunken hätte. Die Mandy, die Punkerin, hat genauso viel getrunken wie ich, und die hat nichts gemerkt, habe ich später von ihr gehört. Eins hat sich zumindest gelohnt: Wir sind seit dem Tag zusammen.

Haben deine Freunde dir denn geholfen, als du da am Boden lagst?
Nein, das waren alles Schisser. Die haben nichts gemacht. Die haben mich da einfach liegen lassen. Hatten wohl Angst, dass sie selber Ärger bekommen. Ein junges Touristenpärchen hat wohl die Polizei oder die Feuerwehr angerufen oder so. Ich habe davon

nichts mitbekommen. Ich bin erst im Krankenhaus wieder aufgewacht.

Was hast du denn gedacht, als du im Krankenhaus wach geworden bist?
Ich lag wohl auf der Intensivstation. Ich habe nur so einen technischen Kram und ganz viele Kabel gesehen. Ich hatte einen ganz trockenen Mund. Das kam wohl vom vielen Rauchen. Schlecht war mir aber nicht. Ich wusste überhaupt nicht, wo ich war. Das Krankenhaus kannte ich ja nicht. War schon ein Schock. Meine Mama saß am Bett, die hat mich ganz böse angeguckt. Meine Mama hat mir auch erzählt, wo ich vorher war. Ich hatte den Tag am Alex total vergessen und 'nen echten Filmriss. Dann haben die Sanitäter auch noch einen Joint in meiner Zigarettenpackung in der Jeans gefunden. Ich habe mich echt geschämt. Erst viel später habe ich mich wieder an so einiges erinnert. Das war, als die Mandy mich im Krankenhaus besucht hat. Die hat sich viel Mühe gegeben, mich zu finden. Das fand ich richtig geil.

Haben die im Krankenhaus dir denn gesagt, wie gefährlich der Abend für dich war?
Ja, aber erst später. Meine Mutter hat mir erzählt, was los war. Eine Krankenschwester sagte dann später, dass ich ganz viel Glück gehabt habe. Hätte ich noch mehr getrunken, dann wäre es vielleicht aus mit mir gewesen. Das war eine echte Alkoholvergiftung.

Was hat denn deine Mutter zu der Vergiftung gesagt?
Die war echt sauer, aber es war auch ein Schock für sie. Natürlich waren alle glücklich, dass es mich nicht erwischt hat. Es gab keine Strafe oder so. Sie hat mir nur gesagt, dass ich das nicht noch einmal machen soll. Meine Mama und ihr Freund trinken aber auch regelmäßig Alkohol. Nur nicht ganz so viel.

Was haben denn deine Mitschüler dazu gesagt?
Ich musste die Geschichte ganz oft erzählen. Die fanden das echt spannend. Ist es aber nicht wirklich. Wenn du in deiner eigenen Kotze liegst, dann ist das echt nicht gerade geil. Vor allem: Die Mandy hat mich an unserem ersten Tag so gesehen. Das war nicht cool.

Und was meinten deine Lehrer?
Die fanden das nicht lustig. Wir haben sogar in unserer Klasse darüber gesprochen. Ich saß da echt mit einer roten Birne. Das muss ich nicht noch einmal haben.

Wann hast du das erste Mal mehr als ein Glas Alkohol getrunken?
Da war ich 11. Ich habe in meiner Clique drei Jungs, die sind jetzt schon 17 Jahre oder noch älter. Die haben mir das damals gegeben. Das fand ich aber echt cool. Zu Hause durfte ich nur an Silvester was trinken. Ich glaube, auch schon so mit 10.

Warum hast du an dem Abend auf dem Alex so viel getrunken?
Weiß ich auch nicht. Weil das alle so gemacht haben.

Fühlst du dich besser, wenn du was getrunken hast?
Ja, dann fühle ich mich echt lockerer. Dann kann ich sogar Mädchen anbaggern. Dazu fehlt mir sonst der Mut.

Was haben deine Freunde auf dem Alex später zur dir gesagt?
Nichts. Mit denen will ich auch nichts mehr zu tun haben.

Was glaubst du, warum so viele Jugendliche so viel trinken?
Weil sie sich dann besser drauf fühlen, und weil sie meinen, sie sind dann cooler.

Wieso?
Weil das alles verboten ist. Das reizt irgendwie.

Und wie bekommt ihr das Zeug immer wieder?
Das ist kein Problem. Selbst ich habe mal so eine Flasche mit Alkohol beim Chinesen gekauft.

Welche Konsequenzen ziehst du aus deinem Krankenhausaufenthalt?
Ich will nie wieder ganz so viel trinken.

Einblicke: Familie Siggelkow und der Alkohol

Viele Eltern sehen den in bestimmten Kreisen rasant zunehmenden Alkoholmissbrauch mit großer Sorge. Sie haben Angst, dass ihre eigenen Kinder in diesen lebensgefährlichen Strudel der Abhängigkeit mitgerissen werden. Im folgenden Kapitel berichtet Arche-Gründer Bernd Siggelkow, Vater von 6 Kindern, wie er in seiner Familie bislang mit dem Reizthema umgegangen ist.

Es war ein total verregneter Tag, an dem keiner freiwillig das Haus verließ. Die wenigen Menschen, denen man an diesem stürmischen Herbsttag begegnete, waren sehr in Eile. Vom Auto ins Kaufhaus, aus dem Bus zur Schule, stampfend unter dem Bushäuschen, um dem starken Wind zu entkommen. Auch die Hunde wurden heute eher vernachlässigt, ein kurzer Gassigang musste reichen.

Jedes Kind, das unsere Einrichtung besuchte, war glücklich, endlich im Trockenen und Warmen zu sein. Bei diesem trüben Wetter war die Mehrheit der Kids ziemlich schlecht gelaunt. Unsere Pädagogen hatten alle Hände voll zu tun, die „Streithähne" zu beruhigen. Das Wetter schlug allen aufs Gemüt. Die Tage zuvor waren einfach zu schön gewesen und hatten uns alle mit Sonnenschein verwöhnt – keiner wollte sich damit anfreunden, dass der Spätsommer nun wirklich zu Ende ging.

Am Abend wollten alle unsere Arche-Kids von unseren Mitarbeitern nach Hause gefahren werden. Jeder suchte einen Grund, um nicht durch die Pfützen laufen zu müssen, auch wenn es nur um die Ecke ging. Wir mussten hart bleiben, weil uns allen der Heimweg noch bevorstand.

Auch für mich ging ein anstrengender Tag zu Ende. Viele Gespräche, die von Sorgen und Ängsten begleitet waren, füllten mein Programm. In fast jedem Gespräch mit den Eltern und Jugendlichen merkte ich, wie viele von den Lebensstürmen umgepustet wurden und häufig kaum noch einen Ausweg oder gar eine Perspektive sahen. Die vielen Erziehungsfragen, aber auch die materiellen Sorgen kamen immer wieder hoch.

Kurz bevor ich nach Hause fuhr, gingen mir die verschiedenen Situationen noch einmal durch den Kopf. Da war der kleine Junge, der mir von seinem Vater erzählte, der jeden Tag Alkohol getrunken hatte, bis die Mutter ihn verließ. Sie weiß jetzt offenbar kaum, wie sie ihre Kinder durchbringen soll. Oder der Teenager, der von einer Clique zusammengeschlagen worden war, nur weil er zur falschen Zeit in das falsche Gesicht geschaut hat. Da war der Vater, der nicht wusste, wovon er die Zahnoperation für seinen Sohn bezahlen sollte. Der Mann rannte von Krankenkasse zu Hilfsorganisationen, zu Parteien und Bezirksämtern und hörte immer nur: „Tut uns leid, wir können nicht helfen!" Die Arche war seine letzte Hoffnung, denn er wollte doch das Beste für seinen Sohn. Eine Mutter hatte geweint, weil das Jugendamt ihr drohte, die Kinder wegzunehmen, wenn sie sich nicht mehr Mühe geben sollte. „Und bei wem kann ich mich mal anlehnen?" Diese Frage der verzweifelten Frau klang noch lange in mir nach.

Doch meine Gedanken wurden unterbrochen, da meine Tochter schon beim Frühstück angemeldet hatte, gemeinsam mit meiner Frau und mir sprechen zu wollen. Nach dem Abendbrot setzten wir uns also gemütlich auf die Couch. Endlich war Feierabend und die ganze Familie war zu Hause und hatte so einiges mitzuteilen. Doch meine Tochter drängte uns zum Gespräch. Es waren nur noch wenige Wochen, bis sie ihren 16. Geburtstag feiern wollte – schon klar, dass da einige Wünsche im Raum standen. Sie erzählte uns von den Freunden, die sie einladen wollte, auch einige ihrer Klassenkameradinnen.

Alles kein Problem, doch wir merkten bei dieser Unterhaltung immer mehr, dass da noch etwas Verborgenes war. Sie druckste die ganze Zeit herum, und natürlich merkten wir, dass da noch ein Thema lauerte.

„Nun raus mit der Sprache, da ist doch noch was. Was liegt dir auf der Leber?", fragte ich schließlich. Man musste ihr die Brocken schon fast aus der Nase ziehen. „Was ist los, du bist doch sonst nicht so schüchtern?"

Fast flüsternd stotterte sie schließlich die Frage heraus, die letztlich der Anlass für das anberaumte Gespräch gewesen war: „Was ist mit Alkohol?"

Ups, wir hatten mit viel gerechnet, aber nicht mit dieser Frage. In der Regel gehen wir bei unseren älteren Kindern relativ locker mit diesem Thema um. Nicht, dass wir nicht darüber reden, nein, ganz im Gegenteil. Auch sie gehen schließlich auf Partys, trinken Alkohol und feiern, wie andere es auch tun.

Einige Jahre zuvor hatten mitten in der Nacht einige Freunde meines ältesten Sohns angerufen und mich gebeten, ihn von einer Party abzuholen, da er angeblich nicht mehr laufen konnte. So fuhr ich morgens um etwa 2:00 Uhr zu diesem Fest und setzte meinen Jungen ins Auto. Er war nur schlecht ansprechbar – ich allerdings auch, denn dieser nächtliche Chauffeurdienst verhagelte mir mächtig die Laune. Hatten wir unseren Kindern nicht einen guten Umgang mit Alkohol vorgelebt? Hatten unsere Warnungen nicht genug Wirkung gehabt? Wollte unser Sohn sich einfach mal ausprobieren?

All diese Fragen beschäftigten mich in diesem Moment, obwohl mein Sohn schon einige Zeit volljährig war. Nachdem ich ihn nach Hause gebracht und er am nächsten Tag bis nachmittags geschlafen hatte, erzählte er uns von der Party. Angeblich hat er dort nur drei Bier getrunken; er hatte keine Ahnung, warum er sich an nichts mehr erinnern könne. Nach den drei Bier sei er auf der Feier eingeschlafen – und als er aufwachte, war er so betrunken, dass ich ihn abholen musste. Wir konnten das eigentlich nicht so richtig glauben, bis sich herausstellte, dass wohl jemand irgendwelche Pillen in sein Bier gemischt hatte. Eine Lehre für ihn, nicht allen und allem zu vertrauen.

Bei unserer 16-jährigen Tochter fanden wir allerdings eine Geburtstagsfeier mit Alkohol ein wenig verfrüht, zumal sie selbst noch nie den Wunsch geäußert hatte, etwas zu trinken. Warum also jetzt bei ihrer Party? Irgendwie wirkten ihre ganzen Erklärungsversuche eher wie der Versuch, etwas zu vertuschen.

Wir blieben mit unserer Frage hartnäckig: „Warum willst du denn unbedingt Alkohol auf deiner Feier?"

Dann flossen die Tränen, und es dauerte eine Weile, bis sie mit der Sprache rausrückte: In ihrer Schulklasse waren die meisten Schüler fast ein Jahr jünger als unsere Tochter. Ihre Klassenkameraden wussten, dass unsere Kinder regelmäßig in die Kirche gehen und ihr Christsein nicht verstecken, und deshalb gab es auch immer wieder Gespött. Schade, dass es Jugendlichen häufig schwer gemacht wird, zu dem zu stehen, wovon sie überzeugt sind. Da ist es oft nicht besonders weit her mit der Toleranz; es scheint leichter, mit der Masse zu schwimmen.

Es war natürlich klar, dass einige Schüler über unseren Glauben ihre Witze machten, dass sie aber auch davon überzeugt waren, dass Christen gar nichts dürfen – nicht mal mit 16 Alkohol trinken. Unsere Tochter wollte einfach beweisen, dass auch sie cool ist und dass auch Christen alles Mögliche „dürfen" – und sie hat ja grundsätzlich auch recht!

Allerdings war es bei diesem Thema nicht so einfach. Wir versuchten ihr zu erklären, dass die meisten der Freunde, die sie einladen wollte, gerade mal 15 waren und demnach noch gar keinen Alkohol trinken durften.

Natürlich konterte sie, dass die meisten der Eingeladenen schon früher mit Alkohol gefeiert hätten – aber schließlich verstand sie, worum es ging. „Ihr habt also nichts dagegen, wenn ich etwas Alkohol trinke?", fragte sie.

„Nein, wir haben nichts dagegen, weil wir dir vertrauen und wissen, dass du verantwortungsvoll damit umgehst. Wir haben nur etwas dagegen, dass du oder wir an Kinder Alkohol ausgeben."

Das leuchtete ihr ein.

Was Eltern tun können

Es ist für unsere Kinder oft so schwierig, diesem Druck stand-zuhalten, gerade in einer Zeit, in der eine Feier ohne Alkohol häufig als total uncool betrachtet wird.
Bei der Recherche zu diesem Buch habe ich im Internet verschiedene Eltern- und Erziehungsforen zum Thema „Familie und Alkohol" durchforstet. Hier wurden Fragen abgehandelt zu Themen wie: „Ab wann soll ich meinem Kind Alkohol erlauben?" oder: „Wie erziehe ich meine Kinder in Sachen Alkohol?" Interessant ist, wie vielfältig die Antworten sind. Da gab es lange Abhandlungen von besorgten Müttern und Vätern, allerdings auch so kühle Antworten wie: „Lasst doch eure Kinder so viel trinken, wie sie wollen, sie werden schon merken, wenn es genug ist."

Doch was ist richtig oder was ist falsch? Gibt es überhaupt ein Patentrezept? Eine allumfassende Antwort habe ich natürlich auch nicht, aber vielleicht helfen ein paar Überlegungen und Beobachtungen weiter.

Ich bin immer wieder erstaunt, wie sorglos viele Eltern mit dieser Thematik umgehen. Oder wie verbreitet dieser sorglose Gedanke ist, unsere Kinder müssten sich halt ihre Hörner abstoßen. Ohne Leitlinien? Ohne gute Ratschläge (und damit meine ich nicht „kluge" Ratschläge)? Ohne Hilfestellung?
Es sollte uns allen klar sein, dass jeder Körper anders reagiert und dass jeder Mensch unterschiedlich viel Alkohol verträgt. Vor einigen Jahren habe ich ein 15-jähriges Mädchen beerdigen müssen, das bei dem Versuch gestorben ist, Feuerzeuggas zu schnüffeln. Alle ihre Freunde, die im gleichen Zimmer mit ihr waren und es auch versucht hatten, merkten nicht einmal ein Schwindelgefühl.

Nun sterben glücklicherweise in der Regel unsere Teenager nicht am Genuss von Alkohol, doch kann er eben auch zur Droge werden. Gerade dann, wenn auf Feiern Trinkspiele veranstaltet werden und die „grauen Mäuse" endlich mal zeigen wollen, was in ihnen steckt. Um Alkohol zu trinken, muss man nicht besonders mutig sein. Und wer wollte es den anderen nicht schon immer mal zeigen?

Kennen Sie Ihr Kind? Kennen Sie auch den Freundeskreis?

Vor einigen Monaten folgte ich der Einladung einer Jugendgruppe in einer Kleinstadt, die mit ihren Besuchern über das Thema Alkohol diskutieren wollte. Die meisten dieser 12- bis 19-Jährigen lebten in einer relativ heilen Welt. Ihre Eltern waren Unternehmer, Ärzte, Arbeiter und Beamte. Sie wohnten in Einfamilienhäusern mit kleinen Gärten und verfügten in der Regel über ein recht gutes Taschengeld. Sie waren durch die Bank gut erzogen und höflich und beteiligten sich nach meinem Kurzvortrag eifrig an der Diskussion.

In meiner Einführung erzählte ich ein wenig von dem, was mir in meiner Arbeit immer wieder begegnet. Ich berichtete von Jugendlichen, die an Wochenenden feiern, um sich von ihren Problemen abzulenken. Die Bier und Wodka konsumieren, um fröhlich zu sein, ohne etwas Böses dabei zu denken.

Dann erzählte ich auch von Homepartys, auf denen Alkohol und Drogen verteilt und bis zur Besinnungslosigkeit konsumiert werden. Und von einer dieser Partys, auf der ein Kind entstand und nach der die 17-jährige werdende Mutter nicht wusste, wer sie geschwängert hatte. Und da war auch noch der 12-Jährige, der an einem Samstag die ganze Nacht bei seinen Kumpels aushielt und mit ihnen trank, bis einer nach dem anderen vom Stuhl fiel. Weil in der Einzimmerwohnung zu wenig Platz auf dem Boden war, legte er sich zum Ausschlafen seines Rauschs auf den Balkon. Total zugedröhnt schlief er dort ein.

Wenige Stunden später rief ein Nachbar, der den Jungen dort nur im T-Shirt bekleidet auf dem Balkon liegen sah, die Berliner Feuerwehr, denn es herrschten Temperaturen um den Gefrierpunkt. Dass dieser Junge diese Nacht überlebt hat, grenzt an ein Wunder.

Für die meisten Teenies aus dieser Jugendgruppe, der ich meine Erfahrungen weitergab, war das alles nichts Außergewöhnliches. Zumindest hatten sie ähnliche Geschichten schon mal gehört, sogar aus ihrem Dorf. Alle kannten interessanterweise solche Partys, solche Kids und vor allem das Komasaufen – einen „Sport", den viele sogar als „gesunde Abwechslung" empfinden. Die meisten hatten nicht nur die Zeitungsberichte verfolgt; nein, irgendwie waren sie hautnah dran, kannten Leute, denen es auch schon so ergangen war, oder waren sogar selbst beteiligt.

„Ist doch kein Wunder", sagte einer der Jungs, „man kommt doch viel zu leicht an das Zeug!" Mit dem „Zeug" meinte er nicht nur Bier oder Alkopops, sondern auch Whiskey, Branntwein oder Wodka.

Ein anderer, vielleicht 14 Jahre alt, fiel ihm ins Wort: „Genau. Ich kann das selbst kaufen. Kontrolliert werde ich sowieso nie, und wenn, dann frag ich einfach einen Kumpel."

Doch viel erschreckender war die Aussage eines sonst eher ruhigen, groß gewachsenen Jugendlichen: „Das Zeug steht doch zu Hause rum. In der Bar der Eltern, im Kühlschrank, im Keller oder sonstwo. Wenn einer etwas zu einer Party mitbringen soll, dann ist es gar nicht schwer. Auch Frustsaufen nicht – das merkt doch niemand."

Wenn es so leicht ist, an Alkohol zu kommen, dann müssen wir uns doch gar nicht wundern, dass so viele junge Leute damit Erfahrung haben. Besonders dann, wenn der Druck der Gruppe groß wird. Kontrollen in den Geschäften sind gut, doch wenn unsere Kinder schon beim normalen Einkauf ständig über Hochprozentiges stolpern, wird der Anblick und vielleicht der Konsum schnell zur Normalität.

Gehört Alkohol also in den Waffenschrank? Ich muss zugeben, als dieser Jugendliche von der Bar und dem Kühlschrank der Eltern erzählte, kamen mir tatsächliche solche Gedanken.

Vielleicht sollten wir wirklich dafür sorgen, dass Alkohol bei uns zu Hause nicht mehr so offen zugänglich ist, wenn unsere Kids in das Alter kommen, in dem er eine Rolle spielt.

Reden hilft. Schweigen ist keine Lösung! In vielen Familien wird viel zu wenig über solche Themen gesprochen. Häufig denken wir Eltern, dass unsere Kids schon genug Aufklärung in diesen

Dingen haben. Allerdings ist es besser, wenn auch wir hierüber reden und ein gutes Vorbild sind.

Eltern, die selbst ständig trinken, können keine guten Beispiele sein. Strikte Verbote sind sicher auch nicht das Gelbe vom Ei, denn dann ist der Reiz des Verbotenen umso größer.

Sprechen Sie dieses Thema am besten einfach mal offen an. Natürlich geht es nicht ohne Regeln. Erklären Sie Ihren Kindern, warum es Altersfreigaben gibt und dass jeder Körper unterschiedlich reagiert. Auch dass man nicht besonders erwachsen oder ein „Kerl" ist, wenn man einen Kasten Bier getrunken hat. Bringen Sie Ihrem Kind Vertrauen entgegen und reden Sie mit ihm verständnis- und liebevoll über Gefahren und Konsequenzen bei Grenzüberschreitungen. Versuchen Sie, gemeinsam Lösungen zu finden. Seien Sie neben Vater oder Mutter auch Freund Ihres Kindes.

Sprechen Sie mit anderen Eltern über deren Erfahrungen, und versetzen Sie sich in Ihr Kind hinein, um es besser zu verstehen. Beobachten Sie auch Leistungsabfälle in der Schule und denken Sie immer daran: Wenn Ihr Kind ein Teenager wird, dann sind Sie in einem schwierigen Alter – und nicht Ihr Kind.

Beobachten Sie schließlich sehr kritisch Ihren eigenen Alkoholkonsum. Wenn Sie sich von Ihrem Kind in diesem Punkt bereits Vorwürfe anhören müssen, dann wissen Sie, dass von Ihnen möglicherweise schon eine Gefahr ausgeht. Sie können daraus eine Chance machen, indem Sie Ihrem Sohn oder Ihrer Tochter demonstrieren, dass Verhaltensänderungen möglich sind.

Kerstin – „Ich kann mein Kind nicht lieben"

Weihnachten 2007: Kerstin war frustriert. Das Telefonat mit ihrer Mutter hatte in einem Desaster geendet. Ihre Mutter wollte heute, Heiligabend, nun doch lieber mit ihrem neuen Freund verbringen. Der lebte mit seiner Tochter in einer kleinen Wohnung am Rande der Stadt. Kerstin hing mehr als sie saß in dem Fernsehsessel, in dem früher ihr Vater so gerne seine Freizeit verbracht hatte. Doch er hatte seine Familie bereits vor vielen Jahren verlassen und lebte inzwischen nicht mehr in der Stadt. Zwischen Vater und Tochter herrschte Funkstille.

Der ist sicher mit seiner neuen Familie zu beschäftigt, dachte Kerstin wenig selbstbewusst. Sie stand auf. Wütend klappte sie das kleine Telefon zu und starrte auf die Wände. Musste sie das Weihnachtsfest wirklich allein verbringen, ohne Geschenke, Freunde und Familie? Es sah fast so aus.

Panik kroch in ihr hoch, heiß und klebrig. Zur Familie gehörte nur noch ihre 16-jährige Schwester, ein Jahr jünger als sie, die allerdings Tag und Nacht bei ihrem Freund verbrachte. Trotzdem, einen Versuch war es wert. Doch auch hier gab es eine Absage: Sie werde bei der Familie ihres Freundes feiern, erklärte die Schwester.

Kerstin war derart erschüttert, dass sie kaum sprechen konnte. Voller Selbstmitleid stöhnte sie auf und ging in ihr Zimmer. Ihre Beine trugen sie nicht mehr, sie sank auf ihr Bett und schluchzte. Was sollte sie nur machen? Sie sah aus ihrem Fenster. Es war Mittagszeit. Der Himmel draußen vor ihrem Schlafzimmer hatte einen silbrigen Glanz.

Kerstin richtete sich wieder auf und sah aus dem Fenster im siebten Stock. Da unten auf der Straße hing Bert herum, ein alter

Kumpel aus der Grundschulzeit. Was für ein bescheuerter Name, und der Typ war auch nicht gerade interessanter.

„Früher war er ganz in Ordnung, aber der Alkohol hat ihn wohl verändert", murmelte sie vor sich hin. Zuletzt hatte Kerstin ihn vor wenigen Wochen auf einer Party getroffen. Er wirkte auf sie irgendwie ungepflegt, und die ihrer Meinung nach zu kurzen Haare passten nicht zu seinem schmalen Kopf.

Bert setzte gerade eine Bierflasche an seine Lippen. *Und das am frühen Mittag,* dachte Kerstin. Sollte sie runtergehen und ihn mal ansprechen? *Vielleicht ist er ja heute auch allein und es gibt mit Sicherheit schlechtere Typen,* dachte sie. Sie zog ihr Handy aus der engen Jeanstasche und suchte seine Nummer. „Da, ich hab sie noch", sagte sie.

Kerstin klickte die Nummer an und drückte auf die Anwahltaste. Sekunden später hörte sie Berts Stimme. Nein er hatte nichts vor, und ihm war auch langweilig. Auf seine Familie hätte er eh keinen Bock. „Ich komme hoch", hörte sie ihn sagen.

Kerstin strich sich ihre Haare aus dem Gesicht. In ihren Adern pumpte das Adrenalin. Sie würde doch nicht allein bleiben an diesem schrecklichen Tag!

Ein schönes Weihnachtsfest im Kreise ihrer Familie, das hatte sie noch nicht wirklich erlebt. Früher gab es fast immer Streit zwischen ihren Eltern, und in den letzten Jahren hatte in ihrer Familie jeder sein eigenes Ding gemacht, ihre Mutter ebenso wie ihre Schwester. An einem Tisch zusammenzusitzen und miteinander zu reden, das war keine beliebte Übung in dieser Familie.

Es klingelte an der Tür. Kerstin glaubte, jedes Luftmolekül zu spüren, das ihre Haut berührte. Was war nur los mit ihr? Sie ging zur Tür und öffnete sie. Was für eine Überraschung! Bert hatte sich zum Positiven verändert. Er trug modische Klamotten und irgendwie war auch seine Frisur anders. Er trug einen Rucksack auf dem Rücken, den er jetzt abnahm und vorsichtig auf die Kommode im Flur legte. Es schepperte bedenklich. Das hörte sich ja an, als ob er eine ganze Batterie von Flaschen gebunkert hätte!

Kerstin staunte nicht schlecht, als Bert den Rucksack öffnete.

Er holte eine Flasche Wodka heraus, die noch ganz voll war. Kerstins Hände waren schweißnass. Sie wischte sie an ihrer Jeans trocken.

Die beiden holten zwei Gläser und mischten den Wodka mit Cola. Kerstin nahm einen tiefen Schluck. Kurz blieb ihr die Luft weg, doch sie riss sich zusammen und ließ sich nichts anmerken. Dann zog sich ein wohliges Gefühl durch ihren ganzen Körper.

Die beiden tranken den ganzen Weihnachtsabend und sahen dabei fern. Irgendwann passierte es: Der Alkohol besiegte ihren Verstand und Kerstin ließ sich von Bert ausziehen. Die beiden schliefen miteinander, ohne dass es ihr auch nur den geringsten Spaß machte. Es ging auch alles ganz schnell und war völlig unromantisch. Kerstin war ein bisschen enttäuscht, trank aber munter weiter. Die erste leere Wodkaflasche lag bereits im Mülleimer der Küche.

Irgendwann wollten sie es dann noch einmal versuchen. Plump versuchte Bert, Kerstin seine Zunge in den Mund zu stecken. Für Kerstin fühlte es sich widerlich an. Sie hatte das Gefühl, als würde man ihr einen nassen Lappen in den Hals stecken. Sie bekam eine Gänsehaut, dieses Mal vor Ekel. Obwohl Bert schon völlig betrunken war, wollte er wieder mit ihr schlafen, doch seine Männlichkeit versagte.

Kerstin atmete auf. Ihr Gesicht glühte. Bert rollte sich von ihr herunter und fing sofort an zu schnarchen. Bei Kerstin drehte sich alles im Kopf. Auch sie hatte eindeutig zu viel getrunken. Sie taumelte zur Toilette und musste sich übergeben. Danach fand sie gerade noch den Weg zurück ins Bett. Sekunden später schlief auch sie.

Anfang Januar 2011: Der kleine Armin ist vergangenen Herbst zwei Jahre alt geworden. Die Nacht mit Bert hatte Folgen gehabt. Erst im fünften Monat merkte Kerstin, dass sie schwanger war. Sie hatte diese Schwangerschaft wohl verdrängen wollen.

Bert hat sie bis heute nicht wiedergesehen. Er weiß zwar, dass er einen kleinen Sohn hat, aber es hat ihn nicht sonderlich interessiert. Bert ist übrigens vier Wochen später noch einmal Vater geworden, von einem Mädchen, das Kerstin aus ihrer Schule kannte. Auch um dieses Kind kümmert er sich nicht.

Kerstin schleppt ein großes Problem mit sich herum, und sie traut sich kaum, es jemandem zu erzählen: Sie ekelt sich vor ihrem eigenen Kind. Armin erinnert sie täglich an dieses schreckliche Weihnachtsfest vor zwei Jahren. Er hat sehr viel Ähnlichkeit mit seinem Erzeuger. Tausende von Malen hat sie sich schon Vorwürfe gemacht, weil sie mit diesem Typen ins Bett gegangen ist. Seitdem spielen Jungs und Männer in ihrem Leben sowieso keine Rolle mehr und Sex geht schon gar nicht. Immer hat sie Bert vor Augen.

Kerstins Mutter ist ihr auch keine große Hilfe. „Ich fange doch nicht noch mal von vorne an!", hatte sie ihre Tochter angeschrien, als die sie um Hilfe bei der Betreuung ihres Kindes bat. Dabei hätte ihre Mutter die Zeit dafür, denn sie lebt von Transferleistungen. Kerstin will eine Ausbildung machen und sucht daher einen Betreuungsplatz für den kleinen Armin. Doch das ist nicht so einfach.

Ihre Mutter willigte schließlich ein, zumindest an einem Nachmittag in der Woche auf das Kind aufzupassen. Damit kann Kerstin sich aber einen Ausbildungsplatz abschminken. Die Situation mit ihren Gefühlen gegenüber ihrem Kind wird immer komplizierter. Sie kann Armin im Moment nicht einmal auf den Arm nehmen, geschweige denn mit ihm schmusen.

Nach einem Gespräch mit dem Jugendamt – ihre Mutter hatte dort angerufen – überlegt Kerstin nun, ihren Jungen in eine Pflegefamilie zu geben. „Vielleicht will ich ihn ja später wieder zurück, wenn ich älter bin", ist eine ihrer Überlegungen. Die Verlockung, wieder unabhängig zu sein, ist groß. Und für den Kleinen wäre es vielleicht wirklich besser, in einer Familie zu sein, die ihn wirklich lieb hat.

In den Wochen nach Armins Geburt war die Gewissheit über Kerstin hereingebrochen, dass sie dieses Kind niemals würde lieben können. Sie empfand seine allgegenwärtige Anwesenheit vom ersten Tag an als einen Stachel in ihrem Fleisch. Sie sehnt sich stündlich, ja minütlich danach, dieser Qual ein Ende zu bereiten.

Einmal konnte sie sich gerade noch beherrschen; sie war ganz kurz davor, ihr Kind zu schlagen. Armin hatte über eine Stunde lang ununterbrochen geschrien und sie wollte einfach nur noch ihre Ruhe.

Bald würde sie die neuen Pflegeeltern für ihren kleinen Jungen kennenlernen. „Wenn die einigermaßen nett sind, können sie ihn gleich mitnehmen", so Kerstin. Ob sie überhaupt noch einmal Kinder haben möchte, das weiß sie nicht genau. Jedenfalls will sie noch einmal von vorne anfangen.

Übrigens: Alkohol hat sie nie wieder getrunken. Das Zeug macht sie bis heute verantwortlich für diese eine Nacht, die alles verändert hat.

Nachtrag: Armin ist heute bei sehr netten Pflegeltern und hat sich gut eingelebt. Kerstin wohnt seit März 2011 mit ihrem neuen Freund zusammen. Den hat sie eine Woche nach dem Auszug von Armin kennengelernt. Kerstin ist wieder schwanger. Sie freut sich auf das Kind. Eine Ausbildung zur Fachverkäuferin hat sie abgebrochen.

Wodka, Aids und andere Krankheiten

„Jugend will, dass man ihr befiehlt, damit sie die Möglichkeiten hat, nicht zu gehorchen", sagte der französische Philosoph Jean-Paul Sartre, der 1980 im Alter von 75 Jahren starb. Und mit dieser Aussage liegt er gar nicht so falsch.

Die Pubertät ist eine Phase des Umbruchs. Der junge Mensch will sich ausprobieren, von den Erwachsenen unterscheiden, er will Auseinandersetzungen führen, ja sich selbst erleben, auch und gerade, um zu lernen.

Jugendliche, auch Kinder, und ihr Verhalten haben bisher unzählige Generationen von Erwachsenen aufgeregt. Das war immer so und wird wohl auch immer so bleiben. Immer sind sie zu laut, lästig, ecken überall an und halten sich vor allem nicht an das Althergebrachte – also an das, was gut für sie ist. Und das, was gut für sie ist, bestimmen nicht sie selbst, sondern die Erwachsenen. Ein zeitloses Phänomen.

Müssen wir nun also gegen die angeführten Auswüchse infolge des Alkoholmissbrauchs wirklich etwas tun, oder ist das ein ganz normales Verhalten von jungen Menschen, die sich ausprobieren wollen?

Die amerikanische Literaturnobelpreisträgerin Pearl S. Buck, die von 1892 bis 1973 lebte, drückte es folgendermaßen aus:

„Die Jugend soll ihre eigenen Wege gehen, aber ein paar Wegweiser können nicht schaden." Mit dieser Aussage hat sie wohl recht. Unsere Jugendlichen müssen insbesondere vor den gesundheitlichen Folgen geschützt werden, die durch Alkoholexzesse entstehen können.

Komasaufen und die Gefahr von Infektionen

Schlägt man die Tageszeitungen auf, schreit es einem förmlich entgegen: Jeden Tag gibt es neue Schlagzeilen über Komasäufer und gewalttätige Jugendliche und Kinder, über sexuelle Enthemmung und Teenagerschwangerschaften und über mangelnden Schutz vor Krankheiten beim Geschlechtsverkehr.

Eine von der New Yorker Gesundheitsbehörde im Jahr 2009 veröffentlichte Studie[17] legt nahe, dass es einen Zusammenhang gibt zwischen Komasaufen und erhöhten HIV-Infektionsraten. Die Studie mit dem Titel „Alcohol Use and Risky Sex in New York City" ergab, dass insbesondere Homosexuelle mehr und eher ungeschützten Sex haben, wenn sie betrunken sind. In dieser Studie heißt es, dass sich im Monat vor der Umfrage einer von vier New Yorker Schwulen mindestens einmal im Monat bis zur Bewusstlosigkeit betrunken hat. Im Bezug auf die Gesamtbevölkerung ist das erheblich mehr als der Durchschnitt. Einer von 7 Heteros hat sich mindestens einmal im Monat völlig betrunken. Als Komatrinker gilt auch in den USA jemand, der mehr als 5 Gläser eines hochprozentigen Getränks zu sich nimmt. Also mindestens eine halbe Flasche Wodka oder Whiskey.

Die Studie zeigt auf: Schwule unter Alkoholeinfluss haben weit mehr Sexpartner als Nüchterne und verzichten dabei eher auf ein Kondom. Die Umfragen zu dieser Studie wurden in verschiedenen New Yorker Schwulenbars durchgeführt. Demnach waren 27 Prozent der befragten Gäste bei ihrem jüngsten sexuellen Abenteuer völlig betrunken, 12 von ihnen hatten zusätzlich weitere Drogen konsumiert. Die Quote derer, die sonst Kondome beim Analsex benutzten, sank von 86 Prozent bei den Nüchternen auf 65 Prozent bei den Betrunkenen. Auch in der Gesamtbevölkerung sei schneller Sex unter Betrunkenen eher verbreitet als unter Nüchternen, so die Macher der Studie. Nur 2 Prozent der Heterosexuellen, die keinen Alkohol trinken, hatten im letzten Jahr fünf oder mehr Sexpartner. Unter Komasäufern waren es 7 Prozent.

Zu welchen Ergebnissen sind die Experten nach der Auswertung dieser Daten gekommen? Die Studie schlägt vor, das Mindestalter für Alkoholausschank bei 21 Jahren zu belassen (wie es in den USA geregelt ist), härter gegen Trinkgelage unter Jugendlichen vorzugehen und die Steuern auf Alkohol noch einmal deutlich zu erhöhen.

Spring Break – Sonne, Suff und Sex

Ein amerikanisches Phänomen hat in jüngster Zeit einen Siegeszug durch Europa angetreten. Die „Spring Break" ist eine zweiwöchige Studienpause im Frühling in den USA, in der die Studenten bevorzugt in den südlichen Staaten oder in Mexiko exzessiv feiern. „Sonne, Suff und Sex" lautet die Devise. Das Phänomen ist mehr und mehr auch nach Europa übergeschwappt. Vor allem in Ländern wie Kroatien und Rumänien werden Spring Break-Partys mit Tausenden von Jugendlichen gefeiert. Komasaufen und sexuelle Freizügigkeit stehen auch hier im Mittelpunkt. Jugendliche aus ganz Europa, viele auch aus Deutschland, reisen zu diesen Partys an, die mit normalen Studentenfeten nichts mehr zu tun haben. Preiswerte hochprozentige Getränke werden in Unmengen ausgeschenkt und verkauft. Viele der Besucher sind schon nach wenigen Stunden sturzbetrunken. Sexuelle Kontakte finden hier ausschließlich unter Alkoholeinfluss statt.

Die Folgeerscheinungen eines solchen Massenphänomens sind auch hier Alkoholvergiftungen, Krankheiten und ungewollte Schwangerschaften. Für die Veranstalter dieser Sauf- und Sexorgien ist das Ganze ein tolles Geschäft. Wie so oft geht es auch hierbei nur ums Geld. Geldverdienen auf Kosten der Gesundheit unzähliger Menschen, eine verkommene Moral unter dem Deckmantel liberaler Freizügigkeit. Weiter kommt es auf diesen Partys auch immer wieder zu Schlägereien und anderen Gewaltausbrüchen. Vergewaltigungen sind eine hässliche Randerscheinung. Angetrunkene Männer fühlen sich von leicht bekleideten

Mädchen sexuell angemacht und bekommen, betrunken wie sie sind, nicht mehr mit, wenn die Frauen längst Nein gesagt haben.

Ein Teilnehmer einer solchen Spring Break-Party in Rumänien erzählt: „Überall liegen Kondome herum; Mädchen, die sich bedrängt fühlen und von angetrunkenen Männern belästigt werden, erstatten nur selten Anzeige. Warum auch? Die Partys sind so anonym, dass eine Anzeige überhaupt keinen Sinn macht. Die Chance, einen der Täter zu finden, ist gleich null."

Was ein unbeschwertes Frühlingsvergnügen hätte werden sollen, wird so für manche junge Frau zu einem Trauma, an dem sie ein Leben lang leiden wird. Und Genosse Alkohol hat entscheidenden Anteil daran.

Malte – Abstieg in die Punkerszene

Malte geht auf eine Gesamtschule in Frankfurt am Main. Er ist 14 Jahre alt und hat eigentlich geplant, in zwei Jahren den Hauptschulabschluss zu schaffen. Doch das sieht nicht gut aus.

Er schwänzt schon seit einigen Wochen immer wieder die Schule und schläft nur noch sehr selten zu Hause bei seinen Eltern und seiner ein Jahr älteren Schwester. Seit zwei Jahren trinkt Malte fast täglich Alkohol, immer zusammen mit drei Freunden, „mit seinen drei besten Kumpels", wie er es ausdrückt.

Angefangen hat die Trinkerei auf der Geburtstagsfeier eines Freundes seiner Schwester. Malte sah schon immer etwas älter aus als die Mitschüler aus seiner Klasse. Bis vor zwei, drei Jahren waren seine Schulnoten ganz passabel. Auf dieser Feier lernte Malte nun einen Jungen kennen, mit dem er sich auf Anhieb gut verstand.

Er heißt Tim, ist 16 und weiß nicht wohin mit seinen Kräften. Schon zweimal musste er eine Klasse wiederholen. Bis heute kann Tim kaum lesen, geschweige denn schreiben. Aber irgendwie schafft er es immer wieder, sich durch die Schule zu mogeln, auch wenn es länger dauert. Seine Lehrer haben Tim längst aufgegeben. Der 16-Jährige lebt schon seit einem Jahr bei einer Freundin, die 11 Jahre älter ist als er. Aber nicht einmal Malte weiß, wie weit die Beziehung der beiden geht. „Ob das so mit allem ist, was dazugehört?", fragt sich Malte.

Die Freundin, Addi, hat früher einige Jahre als Punkerin auf der Straße gelebt. Seit dieser Zeit ist sie dem Alkohol verfallen. Heute lebt sie in einer kleinen Wohnung, die die Arbeitsagentur bezahlt. Auch Malte schläft fast täglich dort, oft ist er zu betrunken, um nachts noch nach Hause zu gehen. Arbeiten wird Addi wohl in diesem Leben nicht mehr. Sie lebt von Transferleistungen und ist für den Arbeitsmarkt verloren, denn sie hat keinen Schulabschluss und ihre Leber ist schwer geschädigt.

Wenn die Schule aus ist, steht in der Regel Maltes Freund Tim schon vor dem Gebäude. Zusammen gehen die Jungs dann in die Innenstadt, um ein paar Euro zu schnorren. Das dauert manchmal drei, vier Stunden, denn der Konkurrenzkampf unter den Schnorrern ist groß.

„Morgens sitzt die Kohle bei den Spießern viel lockerer", wissen Malte und Tim, aber sie bekommen Ärger mit dem Amt, wenn sie zu häufig in der Schule fehlen. Und Ärger mit dem Jugendamt wollen sie nicht riskieren. „Die vom Amt wissen nicht, dass ich bei Addi lebe, da halten meine Eltern dicht, die wollen auch keinen Ärger", sagt Malte.

Wenn Malte und Tim dann so ungefähr 15 Euro zusammengebettelt haben, geht es auf dem schnellsten Weg in einen Supermarkt. Dort kaufen sie eine Flasche Wodka und einige Flaschen Bier. Damit sie die Getränke auch erhalten, rufen die Jungs vorher bei Addi an, die dann hinkommt und die Flaschen mit dem Geld der Jungs bezahlt. Aber Malte wie auch Tim haben auch den „Stoff" schon oft „durch die Kasse bekommen", wie sie es nennen.

Danach geht es rasch in Addis Wohnung. Die drei setzen sich auf die Couch und öffnen die Flasche mit dem billigen Wodka. Der wird in der Regel verdünnt mit Cola oder – wenn das Geld dafür nicht reicht – mit billiger Brause.

Eine Stunde später hat Malte sein Level erreicht. Er vergisst dann den ganzen Druck und Stress und kann perfekt chillen. Sorgen macht er sich nicht, zumindest was seinen Alkoholkonsum angeht: „Das bisschen Stoff macht mir und meinem Körper nichts aus", redet er sich ein. Mit Bier kann er wenig anfangen. „Das Zeug macht meinen Magen immer so voll und ich muss dann dauernd pinkeln", sagt er.

Tim geht, wenn die Wodkaflasche leer ist, seit Kurzem noch allein auf die Rolle. Er besucht Freunde oder geht manchmal auch nach Hause zu seiner Familie.

Addi und Malte sitzen dann bis spät in die Nacht zusammen und trinken weiter Bier. Oft kommen noch Addis Freunde aus der Punkerszene dazu, mit denen sie gern abhängt. Malte mag das überhaupt nicht. Die Punks sind ihm zu schmuddelig und vor allem zu laut. Fast immer haben sie auch noch diverse Hunde dabei, die die Wohnung regelmäßig versauen. Aber Addi hängt an ihren Freunden. Sie ist eine Punkerin aus Überzeugung, lehnt jede Form von Autorität ab. Durch das Gebell der Hunde hat sie Ärger mit den Nachbarn in ihrem Haus, die sich in ihrer Nachtruhe gestört fühlen, doch Addi ist das gleichgültig. So ist es schon häufiger vorgekommen, dass die Polizei vor der Tür stand, um die nächtliche Ruhe mit ihrer ganzen Autorität durchzusetzen. Dann gibt es fast immer Ärger.

Vor allem Malte kann diesen Ärger nicht gebrauchen. Er wohnt ja illegal in dieser Wohnung und ist noch minderjährig. Schon zweimal hat die Polizei seine Personalien aufgenommen und seinen Eltern einen Brief geschrieben. Die haben ihm dann richtig Dampf gemacht und verlangt, dass er wieder zu Hause schläft. Doch da lässt Malte nicht mit sich reden. Auf sein Elternhaus hat er absolut keinen Bock mehr, das macht er seinen Eltern auch sehr deutlich.

„Diesen ganzen Stress habe ich nur wegen der Punks", grübelt Malte. Doch deren Anwesenheit wiederum ist für Addi nicht verhandelbar.

Kürzlich stand Malte am Hauptbahnhof. Er wollte sich etwas zu kiffen besorgen. „Zurückbleiben!", krächzten die Lautsprecher. Stereofon brandete das Rollen der automatischen Türen an sein Trommelfell, schwappte den Bahnsteig entlang wie eine Welle an der Nordsee. Dort war Malte einmal gewesen, es schien eine Ewigkeit her, mit seinen Eltern im Urlaub.

Das dumpfe Klacken eines Paars Stiefel beendete seinen kurzen Tagtraum. Sein Dealer stand vor ihm und blitzschnell wechselten der Stoff und das Geld die Besitzer. Malte schaute nach links und rechts, rannte dann zur Treppe und hastete die Stufen hinunter, die täglich von Tausenden Schuhsohlen geschliffen wurden. Als ob er es geahnt hätte: Zwei junge Typen rannten hinter ihm her. Sein schon sehr ausgeprägter Instinkt sagte ihm, dass das „Bullen" waren. Vielleicht war auch das Zusammenleben mit Addi eine Art Schnupperkurs in „Instinktkunde".

Gerade noch konnte er den Typen entwischen. „Glück gehabt", murmelte er. „Beim nächsten Mal muss ich vorsichtiger sein." Eigentlich hatte Malte am Bahnhof noch eine Stunde dranhängen wollen, um zu schnorren. Es war sehr viel los, alles immer irgendwie in Bewegung, aber da war doch so etwas wie Angst.

Vielleicht haben mich die Bullen erkannt, besser, ich verschwinde, dachte er sich. Am Ausgang nahm er die Treppe nach oben und holte sich einen Burger für einen Euro. Ein Bus hielt vor ihm und er stieg hinten ein; auf diese Weise brauchte er kein Ticket, denn der Bus war so voll, dass der Fahrer ihn von vorne nicht sehen konnte. Eine Frau in dem Bus schaute ihn giftig an. Das lag wohl an dem geruchsintensiven Fleischklops. Das machte Malte aber nichts aus. Er blieb ganz ruhig.

Zu Hause angekommen empfing ihn Addi mit einer Bierflasche in der Hand. Sie nahm das Tütchen mit dem Kraut in Empfang und bastelte daraus einen Joint. Für Schnaps oder was auch immer war heute kein Geld da, und nach dem Kiffen würde ihnen mit Sicherheit die Lust fehlen, noch einmal betteln zu gehen. So ätzend es oft war und so blöde Nebenwirkungen es mit sich brachte, so schön war für Malte dennoch beim Kiffen das Davonschweben in einen dichten Nebel. Unmittelbar mit dem Inhalieren des ersten Zugs setzte bei ihm schon die Wirkung ein.

„Mit dem Kiffen werde ich nie aufhören", hatte er zu Tim gesagt, als er ihn das letzte Mal sah.

Übrigens: Tim hat sich in den letzten Tagen bewusst von Addi und Malte zurückgezogen. Addi ist ein bisschen in Malte verliebt, das hat sie Tim zumindest erzählt. Trotz des großen

Altersunterschieds. Und da will Tim nicht stören. Auch hat er Angst vor der Geschwindigkeit, mit der die beiden auf der Überholspur davonrasen.

❖

Nachtrag: Kurz vor unserem Gespräch mit Malte redete ein Sozialarbeiter seiner Schule mit dem Jungen über seine Zukunft. Dabei ging es nicht um einen möglichen Abschluss oder um seinen Berufswunsch, sondern um sein Leben mit dieser Frau, die ihn auffrisst, sowie mit Alkohol und Drogen. Der Sozialarbeiter hat Malte im Grunde schon aufgegeben. „Ich kenne viele Beispiele von Jungs und Mädchen, die in ähnlichen Umständen leben. Die sind alle auf der Strecke geblieben."

Der Pädagoge hat das Addi und Malte auch gesagt. Dem Pärchen ist das gleichgültig. „Jetzt erst mal will ich nichts ändern, mein Leben ist geil", hat Malte dem Pädagogen geantwortet. Und das sei sein voller Ernst, so der Sozialarbeiter.

Kurz vor Redaktionsschluss haben wir bei diesem Mann noch einmal angerufen und nach Malte gefragt. Malte war die letzten drei Wochen nicht in der Schule. Auch die Wohnung stand leer, es lag nur noch überall der Müll herum. Addi und Malte leben jetzt offensichtlich in einer Punker-WG – illegal.

Auch Maltes Eltern haben nichts mehr von ihm gehört.

Rauschtrinken –
Ein europäisches Problem

Ist das Komasaufen eigentlich ein deutsches Phänomen? Oder gibt es die Generation Wodka auch bei unseren Nachbarn in Europa?

Selbstverständlich ist Deutschland keine Insel der Unseligen in dieser Frage. In der europäischen Kultur hat auch in anderen Ländern Alkohol seinen Ehrenplatz. Deutschland belegt in der Liga der Komatrinker allerdings eine Spitzenposition.

Eine Studie aus dem Jahr 1998 deckte auf, dass deutsche und dänische Jugendliche ganz weit vorne liegen, und das ist auch heute noch so. „Immer mehr und immer jünger" war hier von Anfang an die Devise. Der Konsum von Alkohol ist in Europa bereits bei einem Großteil der Jugendlichen unter 15 üblich. Besonders ausgeprägt ist das im Nordwesten des Kontinents. Die Raten der Jugendlichen mit mehrfachen Trunkenheitserfahrungen steigen mit der Altersgruppe steil an. Die ermittelten Zahlen in Großbritannien sind etwa zehnmal höher als in Schweden, Frankreich, der Schweiz und Norwegen, aber eben auch Deutschland. Bei den 13-Jährigen beträgt der Unterschied zwischen der höchsten und der niedrigsten Häufigkeit in etwa das Sechsfache.

Spannend ist auch, dass es bei den jugendlichen Trinkern geografische Unterschiede gibt. Die Kinder und Jugendlichen aus den südeuropäischen Ländern rund um das Mittelmeer sind statistisch gesehen deutlich seltener betrunken als gleichaltrige Jugendliche im Rest von Europa. Ihre Altersgenossen aus Westeuropa und Mitteleuropa haben da ganz andere Erfahrungen. Das bestätigen Umfragen zum Alkoholkonsumverhalten von Kindern. Auffällig ist, dass die Kinder und Jugendlichen aus den skandinavischen Ländern deutlich weniger trinken. Die Ausnahme ist Dänemark, das mit Deutschland in der Spitzengruppe bei den jugendlichen Komatrinkern liegt.

Unsere Nachbarländer machen sich über das Trinkverhalten ihrer jungen Bürger viele Gedanken. Eine französische Studie belegt, dass Kindern, die regelmäßig trinken, schwere Hirnschäden drohen[18]. Besonders berechtigte Sorgen macht man sich aber vor allem in Großbritannien.

Wenn junge Engländer in Urlaub fahren, geht fast immer die Post ab. 2.032 Briten wurden 2006 und 2007 allein in Spanien verhaftet, ein Anstieg von einem Drittel zu den Jahren davor. Darunter waren sehr viele junge Menschen. Nun sind dies nicht allein betrunkene Übeltäter, sondern auch Verhaftungen wegen Verkehrsdelikten oder fehlender Ausweispapiere. Aber sogar spanische Politiker sprechen ungewohnt undiplomatisch davon, dass viele der Verhafteten volltrunken waren. Die Briten fallen vor allem auch in Griechenland durch ihr Trinkverhalten schon einige Zeit negativ auf. Der britische Botschafter musste eigens auf die Urlaubsinsel Zakynthos fliegen, um den schlechten Ruf seiner Landsleute dort begrenzen zu helfen.

Das Problem auf dieser Insel repräsentiert eine lange Straße mit Hunderten von Bars und Kneipen. Hier trinken sich vor allem junge Briten jede Nacht ins Nirwana. Junge Mädchen ziehen sich auf offener Straße die Hose herunter und pinkeln, wo sie gerade stehen. Bei den Jungs ist das nicht anders. Am Strand soll es regelmäßig Partys mit vielen nackten Teenagern gegeben haben. Augenzeugen berichteten von „Blowjob-Happenings", in denen junge Frauen oralen Sex im Wettbewerb miteinander anboten. Britische Politiker suchen die Schuld für ein solches Verhalten aber nicht nur bei ihren Landsleuten. „Wenn sehr viele Bars in einem Ferienort sehr billigen Alkohol in sehr großen Mengen anbieten, dann sollte niemand überrascht sein, wenn furchtbar viele Menschen sehr betrunken werden."

Da haben die Politiker sicherlich recht. Doch diese Berichte aus den Urlaubsländern unterstreichen ein Problem, das auch bei den Briten immer mehr in den Fokus rückt: Vor allem ihre jungen Landesleute trinken immer exzessiver, nicht nur im Urlaub. Die Zahl der Notfalleinsätze und der Schlägereien in den Kneipen Großbritanniens steigt von Jahr zu Jahr an.

Wo das wirtschaftspolitisch hinführt, zeigen folgende Zahlen: *Die Folgen des „Volkssports Suff" kosten die Wirtschaft in Großbritannien allein durch das Blaumachen der Betroffenen jährlich mehr als 14 Millionen Arbeitstage. Der Produktionsverlust wird auf 10 Milliarden Euro beziffert. Wohlgemerkt, Jahr für Jahr.*

Hinzu kommen bei den Briten die hohen Kosten beim staatlichen Gesundheitsdienst. So sind an Wochenenden zwei Drittel aller Krankenwagen von London unterwegs, um Schnapsleichen einzusammeln. Auch die Polizei beschwert sich: Ihr fehlen Kräfte an allen Ecken, weil sich ein Großteil der Polizisten um die Eindämmung alkoholbedingter Krawalle kümmern muss.

Saufen ist eben kein Privatvergnügen, sondern Alkoholmissbrauch hat Auswirkungen in die verschiedensten Bereiche hinein.

Auch in Österreich diskutiert man heiß über das unkontrollierte Trinken der jungen Bürger. Auch hier gibt es eine Generation Wodka. Da der Konsum von Alkohol in Österreich fast immer missbräuchlich ist, schränkte eine Spitzenpolitikerin dort ihre Anti-Alkohol-Kampagne auf jene Art von Komatrinken ein, die meist Jugendliche betrifft. Hier trifft, so mutmaßte eine dortige Zeitung, das Koma erst am Ende des Besäufnisses ein. Beim mündigen Rest der Bevölkerung, so schrieb die Zeitung, herrscht Bewusstlosigkeit gegenüber dem Alkohol bereits vor dessen Gebrauch.

Warum diese Spitze? Die Regierung wollte sogar sogenannte „Mystery-Shopper" einsetzen, die kontrollieren sollten, ob die Gastronomie die Jugendschutzbestimmungen überhaupt ernst nimmt. In Wiens Kneipen vergleicht man das mit dem Einsatz von fiktiven Mystery-Shoppern, die in Paris kontrollieren sollen, ob der Eiffelturm tatsächlich noch dort steht. Als ob man das Problem so leicht lösen könnte!

In unserem Nachbarland wurde weiter kritisiert, dass die dortige SPÖ sogar vorschlug, in Zusammenarbeit mit Jugendlichen, Berufsschulen und der Wirtschaft ein eigenes Jugendgetränk zu entwickeln. Das zeigt die Hilflosigkeit der Politik, wenn es um dieses Thema geht. Das Gesundheitsministerium wollte der Kampagne auch einen Namen geben. „Trinken ist nicht schick und kein Ersatz für soziale Wärme", hieß es 2007 aus dem Gesundheitsministerium. Das hat schon fast etwas Rührendes. Man will dann also die fehlende soziale Wärme durch ein jugendliches, hippes Getränk ausgleichen? Wenn es doch so einfach wäre!

Der Trend zum exzessiven Rauschtrinken bei Teenagern setzt sich also auch bei einem großen Teil unserer Nachbarn fort.

Eine Möglichkeit zur Prävention bietet auch eine sogenannte Jugendgesundheitsuntersuchung im Alter von 12 bis 14 Jahren, wie man sie auf Wunsch in allen Gesundheitsämtern durchführen lassen kann. Dieser Check umfasst mehr als eine rein körperliche Untersuchung. Der Arzt kann hierbei feststellen, ob der Patient regelmäßig Alkohol konsumiert und bereits körperliche Folgen davon vorhanden sind. Er spricht mit den Jugendlichen bei dieser Gelegenheit auch über Themen wie Alkohol- und Medikamentenkonsum, Drogen und Sexualität. Besonders für Eltern, die sich Sorgen um den Alkoholkonsum ihres Kindes machen, kann ein solcher Termin sehr aufschlussreich sein.

Die Erfahrungen anderer Länder mit solchen Checks lassen sich sicher auch in Deutschland in eine vorbeugende Arbeit integrieren.

Was jetzt zu tun ist

Es ist die eine Sache, ein Problem zu beschreiben. Wir haben auf den vergangenen Seiten ausführlich und aus verschiedenen Perspektiven beleuchtet, welches Ausmaß das Komatrinken erreicht hat und was Alkohol bei jungen Menschen anrichtet.

Die andere Sache ist es, Konsequenzen zu ziehen. Wenn das Problem unlösbar wäre, müssten wir uns nicht damit beschäftigen – wir könnten es nur schulterzuckend zur Kenntnis nehmen. Tatsächlich sind die Autoren dieses Buchs aber überzeugt, dass die Verführung zum Trinken für junge Menschen unnötig groß ist und dass man etwas dagegen tun kann, ja tun *muss*!

Wir können nicht weiter tatenlos zuschauen, wie die Generation Wodka vor die Hunde geht!

Was ist zu tun im Kampf gegen das Komatrinken? Die bisherigen Maßnahmen reichen jedenfalls nicht aus. Teure Werbekampagnen gegen das Trinken und für alkoholfreie Softdrinks haben so gut wie nichts bewirkt. Sicher, Aufklärung über die gesundheitlichen Risiken an Schulen und in Jugendklubs ist notwendig und unterstützenswert. Aber was bewirken sie letztendlich bei unseren Kindern und Jugendlichen? Bisher leider nur sehr wenig.

Selbst Schockwerbung mit Filmen und Fotos von Unfällen oder Ekelbilder von betrunkenen Kids haben nichts bewirkt. Konkrete Maßnahmen müssen her, um die Kinder und Jugendlichen vor schweren gesundheitlichen Schäden zu bewahren.

Was können das für Maßnahmen sein?

Wir scheuen uns hier nicht, ein paar Gepflogenheiten auf den Prüfstand zu stellen, die in unserer Kultur allzu selbstverständlich sind. Für die körperliche und geistige Gesundheit der nachkommenden Generation müssen wir bereit sein, querzudenken und vielleicht auch Abschied zu nehmen von der einen oder anderen lieb gewonnenen Gewohnheit. Hat nicht das Rauchverbot in deutschen Gaststätten gezeigt, wie rapide ein Sinneswandel durchzusetzen ist?

Kommen wir also zu den Anregungen, mit denen sich die Situation zum Positiven verändern könnte.

Alkoholverbot in der Öffentlichkeit

Eine zentrale Forderung muss sein, ein Alkoholverbot auf öffentlichen Straßen und Plätzen auszusprechen.

Warum muss man in der Öffentlichkeit Alkohol konsumieren dürfen? Wenn man in der Kneipe nicht mehr qualmen darf – warum soll dann das Saufen auf dem Marktplatz akzeptabel sein?

Durch das Trinken an öffentlichen Orten werden junge Menschen allein schon optisch an übermäßigen Alkoholkonsum gewöhnt. Wie oft sieht man Menschen aller Altersgruppen, die auf der Straße, in der Straßenbahn oder U-Bahn auch Hochprozentiges trinken? Alkohol hat in der Öffentlichkeit nichts zu suchen. Auch das Verpacken einer Flasche in eine Tüte bringt wenig. Wenn Jugendliche oder auch Erwachsene in einem öffentlichen Verkehrsmittel Alkohol trinken, und das inmitten von Familien mit kleinen Kindern, ist das zumindest unhöflich, eigentlich sogar eine Unverschämtheit.

Ein solches Verbot ist leicht auszusprechen und einfach umzusetzen. Alkohol muss im öffentlichen Raum einfach tabu werden. Man bekäme durch die Umsetzung eines solchen Verbots auch weniger volltrunkene Menschen zu Gesicht – eine angenehme Nebenwirkung. Gewinner des Alkoholverbots in der Öffentlichkeit wären vor allem Familien und im Besonderen die Kinder.

Promille-Grenze auch im öffentlichen Nahverkehr

Wenn man in Städten wie Hamburg, München, Berlin oder auch Köln am Morgen die Zeitungen aufschlägt, erfährt man immer wieder von nächtlichen Gewalttaten in den U-Bahnhöfen und Bussen. Vor allem Busfahrer werden oft grundlos angegriffen oder bedroht. Ein großer Teil dieser Gewalttäter ist im jugendlichen Alter. Sie sind fast immer während der Tat alkoholisiert.

Warum führen wir nicht eine 0,5-Promille-Grenze im öffentlichen Nahverkehr ein? Also ein Limit nicht nur für die Fahrer, sondern auch für die Fahrgäste. Hier sollte man auch die Taxis mit einbeziehen. Wer betrunken und somit nicht mehr zurechnungsfähig ist, hat in öffentlich zugänglichen Fahrzeugen nichts verloren. Er hat sich selbst nicht mehr im Griff und stellt eine Gefahr für die Mitmenschen dar.

Man muss sich das einmal vorstellen: Da wird ein Busfahrer von alkoholisierten Jugendlichen mit einem Messer angegriffen und verletzt – und wir diskutieren in der Öffentlichkeit darüber, ob die Jugendlichen für diese Straftat überhaupt verantwortlich gemacht werden dürfen! Das ist doch pervers. Unsere Gesellschaft ist verantwortlich für ihre Kinder, und manchmal müssen wir diese auch vor sich selbst schützen. Wenn wir in Deutschland betrunkenen Mitbürgern untersagen, Bus, Bahn oder das Taxi zu benutzen, werden mit an Sicherheit grenzender Wahrscheinlichkeit die ausgeübten Straftaten in diesen Verkehrsmitteln deutlich zurückgehen. Und das allein rechtfertigt schon einen solchen Schritt.

Und warum müssen nüchterne Passagiere, warum müssen Familien mit Kindern überhaupt betrunkene und dadurch häufig aggressive Menschen ertragen?

Wir erinnern uns an Max, den jungen Mann aus einem vorangegangenen Kapitel. Wäre er nüchtern gewesen, hätte er das Mädchen mit Sicherheit nicht vergewaltigt.

Natürlich muss man nach dem Inkrafttreten eines solchen Gesetzes auch regelmäßige Alkoholkontrollen in öffentlichen

Verkehrsmitteln durchführen. Ohne Sanktionen hätte das Verbot sicher keine Wirkung. Beim ersten Erwischen könnte es bei einer Ermahnung bleiben, ansonsten erreicht man die Menschen am besten über ihren Geldbeutel. Der Schutz eines möglichen Opfers sollte immer Vorrang haben vor dem Täterschutz.

Das mag sich alles ein bisschen nach einer übertriebenen Bevormundung der Menschen anhören. Aber wenn man bedenkt, wie schnell ein noch junger Körper durch den Alkohol geschädigt werden kann, ist es doch die Sache wert. An dieser Stelle wollen wir auch noch einmal daran erinnern, dass ein junger Organismus schon innerhalb von 6 bis 10 Monaten alkoholabhängig werden kann.

Übrigens: Andere Menschen, die eine Gefahr für die Allgemeinheit darstellen, lässt man auch nicht auf der Straße frei herumlaufen. Ob Straftäter oder psychisch kranke Menschen, sie werden in Sicherheitsgewahrsam genommen, und erst nach ihrer Entlassung oder bei kranken Menschen nach erfolgreicher Therapie dürfen sie wieder in die Öffentlichkeit. Betrunkene und damit potenziell gefährliche Menschen lässt man aber frei herumlaufen. Wie viele unschuldige Menschen mussten schon ihr Leben lassen, weil sie von einem Alkoholisierten getötet wurden?

Kein Verkauf mehr an Tankstellen

Die Hauptanlaufstelle für Alkoholeinkäufer sind vor allem am Abend und in der Nacht die Tankstellen. Warum muss eine Tankstelle hochprozentigen Alkohol anbieten? Über Bier, Wein und Sekt kann man ja noch diskutieren. Was aber haben die „Turbobeschleuniger" Wodka und Schnaps auf einer Autobahn oder Schnellstraße zu suchen? Oft sind am Abend die Tankstellen der Startpunkt für eine Saufparty.

In Baden-Württemberg zum Beispiel ist zwischen 22:00 Uhr und 5:00 Uhr der Verkauf von Alkohol an den Tanken verboten.

Das Bundesland will damit unter anderem das Komasaufen von Jugendlichen erschweren. Andere Bundesländer wie Berlin lehnen das ab. Der Grund: Es gebe in Berlin und anderswo in Bezug auf den Alkohol ausreichend Gesetze, die eingehalten werden müssten, heißt es. So bleibt der Modellversuch im Süden unserer Republik leider einmalig.

Letztendlich werden wir aber ein Alkoholverbot an Tankstellen durchsetzen müssen. Die bisherigen Gesetze und Vorschriften, die den Alkoholkonsum gerade von jungen Menschen eindämmen sollen, haben sich als zu uneffektiv erwiesen. Und das „Tanken" an Autobahnen sollte man wirklich auf motorisierte Fahrzeuge beschränken.

Ein erster Schritt wäre hier also das nächtliche Alkohol-Verkaufsverbot nach dem Baden-Württemberger Modell. Wenn dann ein grundsätzliches Verbot des Verkaufs von Spirituosen an Tankstellen hinzukommt, sind wir im Kampf gegen das Komasaufen schon einen großen Schritt weiter.

Das hat übrigens nichts mit der Einschränkung von persönlichen Freiheiten zu tun. Alkohol wäre ja durchaus weiter zu kaufen, nur nicht nachts und auf den Straßen unseres Landes. Damit hätte die Risikogruppe einen Ort weniger, an dem sie sich ihren Stoff beschaffen kann, und spontane Sauftouren würden zumindest erheblich erschwert werden.

Verschärfte Bedingungen im Supermarkt

Wir müssen über weitere Maßnahmen zum Schutz unserer Kinder und Jugendlichen nachdenken. Dazu gehören auch weitere bisherige Tabus.

Wenn Alkohol, hier verschärft die Spirituosen, in Lebensmittelläden und Supermärkten verboten würden, würde den Kids auch nicht mehr suggeriert, Alkohol sei eine Art Lebensmittel. Alkohol ist ein Nervengift und das sollte auch sehr deutlich gemacht werden.

Bier und Wein haben wir dabei nicht zuvorderst im Visier, sie könnten als Ausnahmen durchgehen. Aber was hat der Turbobeschleuniger Schnaps in unmittelbarer Nachbarschaft von Brot, Butter und Salz zu suchen? Ganz einfach: nichts!

Hier kommt auch noch der Verführungsfaktor hinzu. Der Alkohol steht fast immer in unmittelbarer Nähe zur Kasse, sodass man möglichst lange den Blick auf die teuren Getränke gerichtet hält. Ähnlich wie die kleinen Schnäpse und Liköre an den Kassen der Tankstellen, die durch ihre Namen und Etiketten schon auf sexuelle Abenteuer einstimmen sollen und damit für potenzielle Käufer attraktiver werden.

Wenn schon Alkohol in einem Lebensmittelladen verkauft werden muss, dann sollte man ihn in eine „Schmuddelecke" verbannen, ähnlich wie die Pornos in einer Videothek. Ergänzend müssten Schilder aufgestellt werden: „Das Betreten dieser Räume ist erst ab 18 Jahren gestattet."

Es ist doch kein Wunder, dass Kinder und Jugendliche in Versuchung geraten, wenn sie massenhaft Alkohol in dem Geschäft vorfinden, das sie zwei- oder dreimal die Woche zum Einkaufen besuchen. Das ist schlichtweg verwerflich. Wenn man sich dann die Alkoholwerbung einmal genauer ansieht und merkt, dass sie besonders auf junge Menschen abzielt, ist das geradezu eine Unverschämtheit. Hier werden diejenigen Menschen verführt, die anschließend wieder mit großem Aufwand aus der Falle Alkohol herausgeholt werden müssen.

Es gab in den vergangenen Jahren immer wieder verdeckte Testkäufe – meistens von Medien initiiert –, die belegten, dass die geltenden Altersvorschriften an der Supermarktkasse unterlaufen werden. Bierverkauf an 13-Jährige, Schnapsabgabe an 16-Jährige – das ist alles kein Problem.

Deswegen regen wir an diesem Punkt an: Wenn ein Supermarkt oder auch nur ein Kiosk dreimal dabei erwischt wird, wie Alkohol an minderjährige Kunden verkauft wird, verliert der Laden für mindestens ein halbes Jahr seine Lizenz für Mittel- und Hochprozentiges. Man stelle sich vor, eine Filiale der großen Ketten würde tatsächlich diese Lizenz verlieren. Das würde ein regelrechtes Erdbeben auslösen! Die Marktleiter würden von heute auf morgen Schulungen für ihre Kassiererinnen durchführen und darauf pochen, dass sich diese konsequent beim Alkoholkauf den Ausweis vorlegen lassen.

Höhere Preise für Hochprozentiges

Alkohol ist in Deutschland viel zu einfach und auch viel zu billig zu haben. Auch die Alkoholsteuer ist in unserem Land sehr niedrig. Jeder kann sich schon für ein paar Euro eine Flasche Wodka kaufen und mit ein wenig Brausepulver gemischt entsteht so ein extrem günstiges süßes Mixgetränk mit sehr durchschlagender Wirkung. Die Hemmschwelle könnte man deutlich erhöhen, indem man Hochprozentiges schlichtweg teurer macht.

Höhere Verkaufspreise würden sicher zu einem bewussteren Konsumverhalten von Jugendlichen beitragen und Alkohol auch in eine bessere Relation zu anderen Dingen setzen, für die Jugendliche ihr Geld ausgeben.

Risikohinweis auf den Flaschenetiketten

Und wo wir schon mal beim Ladenverkauf sind: Warum steht eigentlich auf Spirituosenflaschen nicht der Hinweis, dass Alkohol ein erhebliches Gesundheitsrisiko darstellt? Sollten hier nicht die gleichen Vorschriften gelten wie für Zigaretten? Wie viele Menschen sterben jedes Jahr an den Folgen ihres Alkoholkonsums? Genaue Zahlen sind kaum zu finden, weil Alkoholiker im Endstadium ihrer Krankheit fast immer an Organversagen sterben und der Alkoholmissbrauch daher überhaupt nicht beim Namen genannt wird.

Man muss an diesem Punkt noch weiter gehen: Der Raucher richtet jenseits seiner möglichen persönlichen Erkrankung nur wenig Schaden an. Anders der Säufer: Sein unkontrolliertes Verhalten bringt Unheil über seine Umgebung und die Gesellschaft – Verkehrsunfälle, Gewalt- und Sexexzesse. Unter sozialen Gesichtspunkten ist das Trinken also wesentlich schlimmer als das Rauchen – doch den hübschen bunten Etiketten auf Flaschen mit alkoholischen Getränken ist das nicht zu entnehmen.

Einschränkung von Alkohol-Werbung

Wir haben es schon mehrfach erwähnt: Werbung für alkoholische Getränke „fixt" besonders Kinder und Jugendliche an, indem sie ihnen vorgaukelt, mit Alkohol sei alles schöner und „cooler". Das Gegenteil ist der Fall – Alkohol ist ein gefährliches Zellgift mit hohem Suchtpotenzial.

Warum wird die Werbung dafür nicht komplett verboten oder zumindest so stark eingeschränkt, wie es bei der Zigarettenwerbung bereits erfolgreich durchgesetzt wurde? Damit wäre ein großer Verführungsfaktor aus der Welt geschafft!

Mengen anpassen

Nun wollen wir mit diesem Buch unseren Lesern nicht grundsätzlich den Genuss alkoholischer Getränke vermiesen. Allerdings sollten wir uns alle überlegen, ob wir uns nicht doch lieber zu der Gruppe der Genusstrinker zählen möchten. Zwei oder drei Bier reichen doch völlig aus, um einen schönen Abend zu verbringen, und eine private Alkohol-Fastenzeit hin und wieder kann helfen, das rechte Maß einzuhalten.

In England wagt man jetzt einen mutigen Schritt. Man hat herausgefunden, dass größere Biergläser auch zu einem höheren Alkoholkonsum verleiten. Die Engländer wollen daher ihren berühmten Pint abschaffen, das sind 0,568 Liter, und durch kleinere Einheiten ersetzen. Die britischen Politiker hoffen, dass durch diese Maßnahme vor allem die jungen Menschen weniger Bier trinken.

Ist das realistisch? Durchaus. Wir alle kennen die Bilder von betrunkenen Besuchern auf dem Oktoberfest in München. Diese Bilder schaden unter anderem auch dem Image des sonst so schönen Festes. Manche Jugendliche meinen, drei oder vier Bier seien für sie kein Problem. Aber vier Maß Bier sind vier Liter (zumindest annähernd, auch wenn auf der Wies'n bekanntlich mit den Füllmengen getrickst wird)! Vier Liter Bier, das bedeutet für viele junge Menschen eine Katastrophe. Wenn man diese Menge an Bier in Köln trinken würde, würde sich das schon ganz anders anhören, denn vier Maß Bier sind immerhin stolze 20 Stangen Kölsch! Und 20 Gläser Bier sind eine fast unüberwindbare Hürde für einen durchschnittlichen Jugendlichen, zumindest mental.

Man könnte also die großen Biereinheiten einfach drastisch verkleinern. Dazu rät einem auch schon der gesunde Menschenverstand. Ich kann ja ein Maß Bier nicht auf zwei Stunden verteilt trinken. Das Bier verliert seine Kohlensäure, wird schal und ungenießbar. Also muss ich schnell trinken – und konsumiere automatisch mehr. Fünf Gläser Kölsch kann ich schon eher auf einen Abend verteilt trinken.

Mit kleineren Einheiten würden wir also gerade den jüngeren Trinkern einen großen Gefallen tun. Wenn schon die Engländer ihren im Verhältnis zur Maß ja noch bescheidenen Pint abschaffen werden, dann sollten wir auch in Deutschland über kleinere Gläser diskutieren.

Striktes Alkoholverbot für Schwangere

Eine weitere Forderung zum Schutz unserer Kinder sollte man nicht vergessen auszusprechen. Wenn schwangere Frauen rauchen oder trinken, schädigen sie ihr ungeborenes Kind zumeist dauerhaft. Die möglichen Folgen für das Kind sind in diesem Buch beschrieben. Es muss erlaubt sein, darüber zu diskutieren, ob man es schwangeren Frauen nicht per Gesetz verbietet, legale und illegale Drogen zu konsumieren. Wenn Ärzte feststellen, dass ihre Patientinnen trotz der Warnungen vor gesundheitlichen Schäden für das Kind weiter rauchen und trinken, dann müssen sie bestraft werden.

In Kneipen und Restaurants, in Büros und öffentlichen Gebäuden ist es inzwischen gesetzlich verboten zu rauchen. Einer der Gründe dafür ist der Schutz der Nichtraucher vor dem gefährlichen Zigarettenqualm. Aber ein ungeborenes Kind, das sich nicht wehren kann, darf ungestraft Nikotin und Alkohol ausgesetzt werden. Das ist ein Unding! Solche Kinder müssen ein Leben lang mit den gesundheitlichen Folgen leben, oft auch mit Behinderungen unterschiedlichster Art, nur weil sich die Eltern während der Schwangerschaft nicht im Griff hatten. Auch der zukünftige Kindsvater steht hier in der Verantwortung. Einer Mutter muss es untersagt werden dürfen, ihr ungeborenes Kind kaputt zu saufen!

Keine Lösung, aber ein Signal

Alkohol ist das Suchtmittel Nummer 1 in Deutschland. An den Folgen übermäßigen Alkoholkonsums sterben hundertmal so viele Menschen wie an den Folgen illegalen Drogenkonsums! Natürlich wissen wir, dass mit rigoroseren Regeln nicht alle Probleme zu lösen sind. Wir wissen auch, dass das gesellschaftliche Umfeld unendlich wichtig für die Entstehung oder Verhinderung einer „Säuferkarriere" ist. Aus intakten Familien kommen seltener Alkoholiker als aus kaputten. Auch hier gibt es noch viel zu tun, um die Rahmenbedingungen für das Aufwachsen von Kindern zu verbessern.

Mit den oben geforderten Maßnahmen wäre aber zumindest mal ein Anfang gesetzt. Wie beim Rauchen ginge ein kraftvolles Signal in die Gesellschaft: „Wir bagatellisieren den Alkoholmissbrauch nicht länger, sondern verbannen das selbstverständliche Trinken aus dem öffentlichen Leben."

Gedanken zur Zukunft – Ein Schlusswort

Die „Generation Wodka" braucht positive Vorbilder, damit diese Generation nicht wächst, sondern kleiner wird. Wo sind diese Vorbilder? Die Zeitungen sind voller Skandalberichte über Politiker und andere Prominente, die eigentlich eine Vorbildfunktion haben sollten. Das Vertrauen in verantwortlich handelndes Führungspersonal wird dadurch natürlich nicht gerade gestärkt.

Aber bevor wir mit dem Finger auf „die da" zeigen – sind wir selbst eigentlich Vorbilder? Pflegen wir einen Umgang mit Geld und Genussmitteln, an dem sich eine nachwachsende Generation ein Beispiel nehmen kann?

Natürlich sind es nicht die Vorbilder allein, obwohl sie schon sehr wichtig sind. Auch die Bildungssituation muss uns Sorgen machen. Die Arche-Botschafterin und TV-Moderatorin Birgit Schrowange spricht in einem „Bild"-Interview davon, dass Kinder aus dem Bildungsbürgertum zu einem großen Teil das Abitur ablegen können, unabhängig davon, wie begabt sie sind. Im Gegensatz dazu scheitern auch talentierte Kinder aus dem Prekariat (der einkommensschwachen Schicht) in der Regel in der Schule und kaum einer regt sich darüber auf.

Warum scheitern viele unserer Kinder? Wir *lassen* sie scheitern! Die normalen Schulen sind für eine optimale Förderung nur mangelhaft ausgestattet. Und es ist kein Geld da für Nachhilfeunterricht, ja für ein ganz normales, kindgerechtes Lernen.

Oft suchen sich diese Kinder dann andere Aktivitäten, um sich zu beweisen. Das ist zum einen die früh gelebte Sexualität, aber auch das Sichbetäuben durch Alkohol und andere Drogen. Und wir schauen zu.

Wenn in Berlin mittlerweile 38 Prozent aller Kinder bis 15 Jahre von Transferleistungen leben müssen, dann ist das ein Skandal für ein Land wie Deutschland!

Wir haben es nicht geschafft, diese Familien in Lebensbedingungen zu bringen, in denen sie selbst für sich sorgen können. Und die Kinder sind finanziell derart knapp gehalten, dass es für eine vernünftige Entwicklung und Bildung kaum reicht. Die Kinder müssen darunter leiden, dass die Generationen vor ihnen sozialpolitisch versagt haben.

Der Teufelskreis weitet sich aus. In Deutschland leben aktuell ungefähr 7 Millionen Analphabeten, und unsere Politik streitet das ab, weil dieses Bildungsloch eigentlich nicht sein kann, denn wir haben ja die Schulpflicht. Aber viele Kinder, die durch ihr Elternhaus nicht gefördert werden, kommen vom ersten Tag an in der Schule nicht mit. Und ein Lehrer pro Klasse kann sich natürlich nicht individuell um einzelne schwächere Kinder kümmern. Diese nicht geforderten und geförderten Kinder sind dann in der Regel diejenigen, die später auf irgendeine Art ausbrechen.

Bei der Recherche zu diesem Buch ist uns ein Punkt besonders sauer aufgestoßen:

Mit bis zu 140 Millionen Euro jährlich subventioniert Deutschland wie gesagt die Branntwein- und Zigarettenindustrie. Dafür ist genug Geld vorhanden – für die Zukunft unserer Kinder aber nicht. Für die Subventionierung unseres Bankensystems sind innerhalb weniger Tage zweistellige Milliardenbeträge aktiviert worden, um das System zu retten. Um aber unsere Kinder vor der Verelendung zu retten, dafür fehlt das Kapital.

Die Politik ist sehr langmütig – und zwar leider besonders dort, wo es um die Verbesserung unseres Hartz-IV-Systems geht. Und das Endergebnis sind dann rund 100 Euro jährlich (!) an zusätzlichen Leistungen für Kinder, die von Transferleistungen leben müssen.

Die gezielte Förderung unserer Kinder ist der richtige Weg in eine starke Zukunft, aber um Kinder stark für das Leben zu machen, sind solche Beträge leider eher lachhaft. Mit 100 Euro mehr pro Kind im Jahr kann man diesen gefährdeten jungen Menschen immer noch keine bessere Perspektive geben.

Wir müssen es noch einmal wiederholen: Jedes zehnte 12-jäh-rige Kind in Deutschland betrinkt sich einmal in der Woche! Wir lesen oder hören das, nehmen es zur Kenntnis, schreien manchmal auf ... aber vergessen es dann auch schnell wieder. „Das hat es schon immer gegeben", trösten wir uns, weil wir ja ohnehin nichts tun können. Um unsere Kinder vor den Gefahren von zu viel Alkohol zu warnen, bedrucken wir buntes Papier mit guten Ratschlägen. Diese Ratschläge zu lesen tun sich die meisten Jugendlichen erst gar nicht an. Das ist die Erfahrung fast aller Mitarbeiter im pädagogischen Betrieb.

Wenn dieser Krieg mit Broschüren und Infoblättern entschie-den würde, Deutschland wäre längst eine abstinente Zone. Wir regen uns fürchterlich auf, wenn es um das Thema illegale Drogen geht. Aber wie viele Kinder und Jugendliche konsu-mieren denn überhaupt regelmäßig illegale Drogen? Es ist zum Glück eine nur sehr kleine Zahl. Dass das so ist, dazu hat der Kampf gegen die Drogenmafia sicher beigetragen.

Warum schaffen wir nicht auch zum Schutz der Kinder und Jugendlichen vor Alkohol und Zigaretten so harte Gesetze? Sind es die Spirituosenindustrie und die Tabakindustrie, die wir schüt-zen wollen? Oder haben wir selbst Angst, dass Alkohol, die Droge des Prekariats und des Bildungsbürgertums, bald auch nur noch illegal zu haben sein wird? Haben wir uns an den Genuss dieser gesundheitsschädlichen legalen Drogen gewöhnt und möchten nicht darauf verzichten?

Während der Staat einerseits also die Schnapsproduzenten mit Steuergeldern fördert, lässt er viele Kinder hängen, die das Pech hatten, in die falsche Familie hineingeboren worden zu sein. Un-begreiflich! Aber auch ein Lehrstück dafür, was mit Lobbyismus in einem Land zu erreichen ist. Und die Kinder haben keine Lobby.

Wenn ein so großer Teil junger Menschen vom System ver-gessen wird, dann vergessen diese Kinder über kurz oder lang auch das System. Eigentlich logisch. Diese Kinder sind anfälliger für eine kriminelle Karriere, denn sie haben kaum eine Chance, sich auf legalem Wege aus ihrer Lage zu befreien. Es sind in der

Tat generationsübergreifende gescheiterte Dynastien, die wir hier heranzüchten und pflegen. Und wegen ihres Scheiterns zeigen wir mit dem Finger auf sie.

Wegschauen hilft niemandem

Hungernde oder saufende Kinder in Deutschland sind ein Thema, das höchstens einmal im Jahr seine Schlagzeilen bekommt – nämlich dann, wenn die neuen jährlichen Statistiken bekanntgegeben werden. Und dann hat man diese Zahlen auch schnell wieder vergessen.

Als wir mit dem Buch „Deutschlands sexuelle Tragödie" erstmals das Thema „Hypersexualisierung unserer Kinder" an die breite Öffentlichkeit brachten, stritten viele angebliche Fachleute das alles ab. Wir können es heute noch kaum fassen, wie viel Ignoranz und Ablehnung uns entgegenschwappte, obwohl wir alle unsere Aussagen und Beobachtungen gut belegt hatten. Man bezichtigte uns der maßlosen Übertreibung und stigmatisierte uns als nicht kompetent. Die erhabenen Pädagogen und Sexualwissenschaftler wussten das natürlich alles besser – nur hatten und haben wir die Betroffenen in unseren Einrichtungen ja täglich live vor Augen.

Unsere Befürchtung ist, dass es uns mit der Thematisierung des Alkoholmissbrauchs bei Kindern ähnlich ergehen könnte: „Gibt es das denn wirklich? Ist das tatsächlich ein Problem? Davon haben wir aber bisher kaum etwas bemerkt", sagen viele. Und andere *wollen* letztlich nichts bemerken.

Wir möchten an dieser Stelle an das Kapitel über den Karneval erinnern. Ein Kölner Mediziner berichtete öffentlich, dass in jeder Kölner Klinik, die im Zentrum der Karnevalshochburg liegt, von Weiberfastnacht bis Karnevalsdienstag pro Krankenhaus *täglich 250 Kinder* mit einer Alkoholvergiftung eingeliefert werden. Das ist alles andere als marginal oder harmlos! Im Durchschnitt haben die Kids 1,8 Promille im Blut. Die Krankenwagen stehen vor der Notaufnahme Schlange wie die Kunden am Freitagnachmittag an der Supermarktkasse.

Und wir nehmen das alles zur Kenntnis und haken es dann ab. Der Mediziner Wolfgang Luster hat in diesem Buch beschrieben, welche gesundheitlichen Folgen Alkoholmissbrauch für Kinder haben kann.

Die durch den Alkohol angerichteten Schäden sind so groß, dass viele der Kinder auf Dauer arbeitsunfähig werden. Die Gesellschaft wird also später für den Lebensunterhalt dieser Hardcore-Alkoholkonsumenten aufkommen müssen.

Merken wir eigentlich noch, dass wir nachfolgenden Generationen immer schwerere Bürden auferlegen? Sie werden beispielsweise den riesigen Schuldenberg übernehmen müssen, den wir ihnen hinterlassen. Sie müssen zahlreiche Umwelthypotheken übernehmen, die mit unterschiedlichen Risiken behaftet sind (Stichwort Atomkraft). Die Kinder, um die sich die Eltern nicht kümmern können oder wollen, werden später nur mit der Hilfe und den Mitteln der Gesellschaft, sprich: Sozialleistungen, überleben können. Es sei denn, wir ändern heute etwas und investieren stärker in diese Kinder.

Wir sollten nicht vergessen: Schon heute wird die Mehrzahl aller Kinder in Deutschland in der sogenannten Unterschicht geboren! Also können wir uns schon ausrechnen, wie das einmal enden wird. Auch werden Kinder, die heute geboren werden, immer älter. Jedes zweite Mädchen, das heute auf die Welt kommt, wird wahrscheinlich älter als 100 Jahre. All das ist in der Zukunft mit Sicherheit nicht von den Menschen zu finanzieren, die Arbeit haben. Man braucht kein Prophet zu sein, um schon jetzt Vorsorge zu treffen.

Wenn die Anzahl der Kinder, die in Deutschland in Armut leben, weiter so rasant steigt wie in den vergangenen 15 Jahren, dann wird in 10 Jahren die Hälfte aller Kinder in sogenannten „bildungsfernen" Schichten zur Welt kommen und aufwachsen.

Ein großer Teil dieser Kinder wird nur unzureichend ausgebildet die Schule verlassen müssen. Sie werden von ihren

Eltern nicht gelernt haben, wie es ist, wenn man morgens früh aufstehen und zur Arbeit gehen muss. Schon heute sind es 40 Prozent aller Kinder von Hartz IV-Familien, die ohne ein Frühstück in die Schule gehen. Ihre Eltern bleiben meist lieber im Bett liegen, und die Kinder müssen selbst zusehen, wie sie in die Schule kommen. In den Archen in ganz Deutschland erleben wir das leider immer häufiger.

Im Verhältnis zu zahlreichen Ländern in Europa und darüber hinaus schrumpft unsere Gesellschaft besonders schnell. Es werden viel zu wenige Kinder geboren. Und die Kinder, die in Deutschland noch zur Welt kommen, lassen wir oft allein. Wie viele unserer Dichter und Denker, unserer Wissenschaftler, stammen aus ärmeren Familien? Noch vor 20 Jahren konnte ein Arbeiter mit seinem Verdienst eine Familie ernähren. Heute, in der Zeit der Billiglöhne, geht das kaum mehr. So bleiben die Kinder dieser Familien auf der Strecke.

Wenn also in ungefähr 10 Jahren die Hälfte aller geborenen Kids in Deutschland aus dem bildungsfernen Milieu stammt und somit nur unzureichend ausgebildet ist, dann sieht es für Deutschland nicht gut aus.

Wenn Armut wirklich vererbbar ist, wie Wissenschaftler das heute belegen können, dann muss künftig die eine Hälfte der Bevölkerung die andere Hälfte ernähren. Wenn Frauen dann später durchschnittlich 100 Jahre alt werden und Männer 90 Jahre lang leben, dann ist das eine quantitative Bürde, die kein System der Welt überlebt. Ein Arbeitnehmer müsste dann mindestens einen Sozialhilfeempfänger und einen Rentner finanzieren. Dazu kommen die ganz normalen Abgaben und Steuern. Ein Beschäftigter mit durchschnittlichem Einkommen müsste dann schon mindestens 65 Prozent Abgaben bezahlen, damit das System überlebt. Man braucht kein Prophet zu sein, um zu wissen, dass das nicht funktionieren wird.

Kinder ohne Lobby

Aber kehren wir zurück in die Gegenwart. Warum nur haben Kinder bei uns einen so geringen Stellenwert? Da kann man nur mutmaßen. Vielleicht liegt es mit daran, dass Kinder nicht wählen dürfen. Wenn wir die Eltern der Kinder befragen, die deutschlandweit zu uns in die Archen kommen, dann hören wir oft, dass diese an Wahlen gar nicht teilnehmen, ungültig wählen oder die Parteien ankreuzen, die extrem weit rechts oder links angesiedelt sind. Diese Wählergruppen sind also für die bürgerlichen Parteien nicht existenziell entscheidend.

Die starke Gruppe der Rentner dagegen spielt im Denken eines Politikers eine Hauptrolle. Diese werden hofiert, denn sie werden von Jahr zu Jahr mehr, da die Menschen immer älter werden. Und je stärker ein bestimmter Personenkreis wird, umso relevanter ist er für die Politik. Dagegen fristen unsere Kinder eher ein Schattendasein.

Dieser Exkurs in die deutsche Familien- und Sozialpolitik sollte zeigen: Für einen Teil der Gesellschaft ist die Suchtgefahr systemimmanent.

Hoffnungslosigkeit will Betäubung und die finden Erwachsene wie auch junge Menschen im Alkohol.

Um es zu wiederholen: Es ist nicht so, dass sich das Alkoholproblem bei Kindern auf das sogenannte Prekariat reduzieren lässt. Das Phänomen des Komatrinkens durchzieht alle gesellschaftlichen Schichten. Nur müssen die Antworten auf das Problem in den verschiedenen Schichten unterschiedlich aussehen. Ohne ein Umdenken in der Familien- und Sozialpolitik werden wir das Trinkverhalten in der Unterschicht jedenfalls nicht fundamental verändern können, befürchten wir.

Ein selbstkritischer Blick

Motive zum Trinken gibt es viele, aber wir machen uns häufig über diese Motive etwas vor. Welche Rolle spielt eigentlich der Alkohol im Leben der Menschen? Ist der Rausch das eigentliche Ziel? Meinen Durst löschen kann ich ja auch mit Wasser. Um meinen Gaumen zu verwöhnen, gibt es unzählige schmackhafte nichtalkoholische Getränke. Bücher etwa über alkoholfreie Cocktails füllen inzwischen auch schon die Regale der Buchhandlungen. Und warum trinkt man, wenn man nun mal gern Bier trinkt, nicht alkoholfreies Bier? Was macht den Unterschied zwischen alkoholfreien und alkoholischen Getränken aus?

Ganz klar: Die zunächst entspannende und dann berauschende Wirkung. Schon nach dem Genuss einiger Gläser Bier oder Wein verliert man langsam die Kontrolle über seinen Körper und seinen Verstand. Will man sich also doch wegbeamen auf eine andere Ebene? Wer trinkt schon Alkohol in so geringen Mengen, dass dieser keine Wirkung zeigt?

Heimlich freuen wir uns doch alle über jeden Zeitungsartikel, der uns zum gemäßigten Alkoholgenuss ermutigt. Was hat es auf sich mit dem Gläschen Sekt zur Stabilisierung des Kreislaufs? Stärkt ein Glas Rotwein am Tag wirklich das Herz? Oder ist auch das nur eine Entschuldigung, weil man eben gern mal einen trinkt und sich eigentlich dafür eher schämt? Halten sich Genusstrinker, zum Beispiel die Rotweingenießer, sogar für die besseren Menschen, weil sie ihre Vorliebe für eine Kultur halten, die sie vom Prekariat unterscheidet? Schnaps ist für Prolos, der Merlot für die Elite?

Seien wir ehrlich zu uns selbst: Wir alle trinken, um uns zu entspannen, um in Stimmung zu kommen, um besser drauf zu sein, um Spaß zu haben. Und das lernen auch die Kinder von uns Erwachsenen.

Bei den Spirituosen verhält es sich noch schlimmer. Kann man Schnaps überhaupt trinken, um zu genießen? Hier konsumiert man eine größere Menge Alkohol, verpackt in wenig Flüssigkeit.

Das Ziel ist klar und eindeutig (wenn wir mal vom kleinen Verdauungsschnäpschen absehen, das man mit etwas gutem Willen noch dem Genusstrinken zurechnen könnte).

Als Konsument muss man nur so weit die Kontrolle über sich behalten, dass man dann aufhört, wenn man angetrunken ist. Das gilt als gesellschaftsfähig. Bei einigen Gläsern mehr ist man sturzbetrunken, und wenn das häufiger vorkommt, ist man nicht mehr gesellschaftsfähig.

Diese Grenze lernt man erst mit den Jahren richtig einzuschätzen. Kinder aus gesunden Familienstrukturen testen das aus und hören dann in der Regel schnell wieder mit dem übermäßigen Trinken auf. Andere Kinder, die das nicht einmal vor ihren Eltern zu verheimlichen brauchen, weil diese selbst trinken, rutschen schneller in den Alkoholismus und tragen oft langfristig gesundheitliche Schäden davon.

Es wird Zeit, dass wir handeln

Am Anfang dieses Buchs haben wir davon gesprochen, dass derzeit ein gesellschaftliches Experiment läuft, dessen Folgen nicht absehbar sind beziehungsweise gravierend unterschätzt werden. Wir haben die verschiedenen Facetten der Probleme der „Generation Wodka" dargestellt. Die Zeit drängt, dieses Experiment abzustellen.

Man wird nicht in einem Schritt allen Betroffenen und Gefährdeten helfen können. Es beginnt aber immer mit Einzelnen. Mit den eigenen Kindern, mit den Jungen und Mädchen aus der Nachbarschaft. Es geht weiter mit den Cliquen im eigenen Dorf, im eigenen Stadtteil. Wer einen einzigen Menschen vor dem Absturz bewahrt hat, hat schon Ungeheures geleistet.

Die Politik muss selbstverständlich in größeren Bezügen denken und handeln – deshalb bewegt sie sich wahrscheinlich so langsam. Es wäre unserer Ansicht nach jedenfalls nicht viel geholfen, wenn die Leser nun nur unzufrieden auf Politiker und andere Verantwortungsträger schauten. Jeder kann in seinem Umfeld etwas gegen den Alkoholmissbrauch tun.

Das Experiment „Generation Wodka", das unzählige Menschenleben zerstört, hat ohne unsere Zustimmung begonnen. Es wird von unserer Haltung dazu abhängen, ob es sich fortsetzen darf.

Die Autoren

Wolfgang Büscher ist Journalist, Bestsellerautor und Kommunikationsberater. Er schrieb als Bonn-Berichterstatter für „Sonntag Aktuell" in Stuttgart und arbeitete als Medienberater für zahlreiche Unternehmen, über 10 Jahre auch für Daimler in Stuttgart. Er arbeitete außerdem als Radiomoderator und war viele Jahre als politischer Journalist Mitglied der Bundespressekonferenz. Seit Herbst 2002 lebt er in Berlin. 2004 lernte er Bernd Siggelkow kennen und wurde Pressesprecher der Arche. Büscher arbeitet in Berlin weiter als Medienberater mit einem eigenen Unternehmen.

Wolfgang Luster, Dr. rer. nat. Dr. med., Facharzt für Innere Medizin, Betriebsmedizin; geb. 1950 in Berlin, Hauptschule, Lehre als Werkzeugmacher, Abendschule und Abitur in Berlin, Studium der Biologie und Medizin in Bochum, Bonn, Boston (USA), Wellington (NZ), wissenschaftliche und ärztliche Tätigkeit in Marburg, Bonn, Aachen, Jeddah (Saudi Arabien), Moskau (Russland), Nairobi (Kenia), zahlreiche wissenschaftliche Veröffentlichungen. 1983 *Farmitalia Carlo Erba*-Preis der Arbeitsgemeinschaft Internistische Onkologie der Deutschen Krebsgesellschaft e.V.

Caren Miosga, Moderatorin und Journalistin, moderiert seit Juli 2007 als Nachfolgerin von Anne Will die Tagesthemen. Nach dem Studium der Geschichte und Slawistik in Hamburg arbeitete sie für die Radiosender RSH, Radio Hamburg und N-Joy. 1997 wechselte Caren Miosga zum Fernsehen, zunächst als Moderatorin für RTL Nord, ab 1999 als Autorin für verschiedene NDR-Sendungen. Beim Norddeutschen Rundfunk übernahm sie dann auch die Moderation der Sendungen „Kulturjournal" und „Zapp". Von Mai 2006 an moderierte Caren Miosga dann das ARD-Kulturmagazin „Titel, Thesen, Temperamente". Caren Miosga ist verheiratet, lebt in Hamburg und hat zwei Töchter.

Marcus Mockler ist Journalist, Bestsellerautor, Kommunikationstrainer und Vortragsredner. Er leitet die Baden-Württemberg-Redaktion des Evangelischen Pressedienstes (epd) in Stuttgart. Der verheiratete Vater von 8 Kindern engagiert sich ehrenamtlich in verschiedenen christlichen Werken.

Bernd Siggelkow ist gelernter Kaufmann. Nachdem er einige Zeit als Vertriebsbeauftragter im Außendienst tätig war, hat er eine theologische Ausbildung bei der Heilsarmee absolviert und einige Jahre als Jugendpastor gearbeitet. Im Jahr 1995 gründete er in Berlin-Hellersdorf das christliche Kinder- und Jugendwerk Die Arche. Seitdem entstanden noch mehrere Einrichtungen, zum Beispiel in Berlin-Friedrichshain, in Hamburg und in München. Bernd Siggelkow ist verheiratet und Vater von 6 Kindern. Er erhielt für seine Arbeit den „Verdienstorden des Landes Berlin", und Die Arche selbst wurde mit der Carl von Ossietzky-Medaille durch die Internationale Liga für Menschenrechte gewürdigt.

Anmerkungen

[1] Siehe Anm. 2

[2] Dies bestätigen auch neueste Berichte wie die Studie „Der Alkoholkonsum Jugendlicher und junger Erwachsener in Deutschland 2010" der BZgA, siehe http://www.tagesschau.de/inland/drogenbericht102.html oder direkt bei http://www.bmg.bund.de/service/404.html

[3] Siehe: http://www.bzga.de/botpresse_41.html

[4] Siehe: http://www.kpmg.de

[5] Zum Beispiel eine Mitteilung des Statistischen Bundesamts: http://www.destatis.de/jetspeed/portal/cms/Sites/destatis/Internet/DE/Presse/pm/2009/12/PD09__486__231.psml

[6] Siehe: http://www.presse.dak.de/ps.nsf/allLevel2KatForm?Open&GoTo=Info06&Cat=DAK-Studien

[7] Genaueres unter: http://www.tk.de/tk/online-filiale/broschueren-und-mehr/studien-und-auswertungen/49536

[8] Quelle: http://www.presse.dak.de/ps.nsf/sbl/80A78914B0864BE9C12577AB002A12BF

[9] http://www.presse.dak.de/ps.nsf/sbl/D00F520774640368C12577AB002A27A7?open

[10] Für nähere Informationen siehe: http://www.tsi-hannover.de/

[11] Die Studie kann man herunterladen unter: http://www.kfn.de/Forschungsbereiche_und_Projekte/Schuelerbefragungen/Schuelerbefragung_200708_FoB_II.htm

[12] http://de.wikipedia.org/wiki/Alkoholmissbrauch_bei_Jugendlichen

[13] http://www.destatis.de/jetspeed/portal/cms/Sites/destatis/Internet/DE/Presse/pm/2009/12/PD09__486__231.psml

[14] http://www.katho-nrw.de/katho-nrw/forschung-entwicklung/institute-der-katho-nrw/disup/aktuelle-forschungsprojekte/abgeschlossene-forschungsprojekte/?L=0

[15] Siehe: http://www.destatis.de/jetspeed/portal/cms/Sites/destatis/Internet/DE/Presse/pm/2009/12/PD09__486__231.psml

[16] Das bestätigt eine Studie des Statistischen Bundesamts: http://www.destatis.de/jetspeed/portal/cms/Sites/destatis/Internet/DE/Presse/pm/2009/12/PD09__486__231.psml

[17] Siehe: http://www.nyc.gov/html/doh/html/pr2009/pr001-09.shtml

[18] Siehe: http://www.stangl-taller.at/ARBEITSBLAETTER/SUCHT/AlkoholKinderJugendliche.shtml

Verlagsgruppe Random House FSC-DEU-0100
Das für dieses Buch verwendete FSC®-zertifizierte Papier
Munken Premium Cream liefert Arctic Paper Munkedals AB, Schweden.

© 2011 by adeo Verlag
in der Gerth Medien GmbH, Asslar,
Verlagsgruppe Random House GmbH, München
1. Auflage August 2011
Bestell-Nr. 814 245
ISBN 978-3-942208-45-1
Umschlaggestaltung: Gute Botschafter GmbH, Haltern am See
Satz: Marcellini Media GmbH, Wetzlar
Druck und Verarbeitung: GGP Media GmbH, Pößneck
Printed in Germany

Ein Leben für die vergessenen Kinder.

Als er sechs Jahre alt ist, verlässt seine Mutter die Familie. Liebe und Zuneigung sind für Bernd Siggelkow Mangelware. Die Straße wird sein zweites Zuhause. Jahre später lebt er noch immer am Rande des Existenzminimums. Dennoch fasst er den mutigen Entschluss, selbst ein Projekt für hilfsbedürftige Kinder zu gründen. So entsteht „Die Arche". Die bewegende Geschichte einer großen Vision und eines faszinierenden Mannes.

Bernd Siggelkow / Wolfgang Büscher / Marcus Mockler:
Papa Bernd
Gebunden · Mit Schutzumschlag · 13,5 x 21,5 cm
200 Seiten · Mit 8 Seiten farbigem Bildteil
ISBN: 978-3-942208-18-5